私、毒親に育てられました

中村淳彦

宝島社新書

はじめに

すべての取材と執筆が終わったあとに、この「はじめに」を書いている。

本書の執筆にあたり、まず「毒親に育てられた女性」を募った。正直に言えば、毒親育ちという忌まわしい過去を話してくれる女性を探し出す時点で、本書の制作は難航すると考えていた。しかし、思いがけず多くの女性が瞬く間に集まり、筆者の予測が杞憂だったとともに、毒親問題の大きさを実感させられた。

取材は対面もしくはZｏｏｍ、ＬＩＮＥ電話で行い、「親との関係で、いったいなにがあったのか？」を聞いた。ほとんどの女性たちは堰《せき》を切ったように、支配、暴力、性的虐待、揚げ句の果てに強姦という自身の「地獄の日々」を語りだした。女性たちは加害者である親や兄弟だけでなく、親族や地域住民、育った故郷をも恨み尽くし、なかには「法律がなかったら母親をメッタ刺しにしたい」という危険すぎる願望を吐露した女性もいたほどだ。

通常、このような匿名取材では本人が特定されないように、名前と具体的な地域名を本文中では伏せる。しかし、本書の取材ではかなりの割合の女性が「地域の名前をそのまま掲載してほしい」と希望してきた。女性たちが語ったのは過去の話ではあるが、衰退する地方では現在も加害者たちの血族が暮らし、都市部ならば加害者たちとパーソナリティ傾向が類似する人物が居住している可能性は高い。要するにどこかの家庭で同じことが繰り返されているというのだ。この具体的な地域名を書いてほしいという願いは、「同じことを繰り返してほしくない」という女性たちのメッセージなのだろう。

しかし、本書はあくまで毒親問題を主旨とした本であり、毒親と地域性の分析にまで踏み込むものではないため、地域名の実名表記は一部を除き見送ることにした。取材した女性たちの要望に応えることはできなかったが、ご容赦いただきたい。

本書には24~61歳の女性たち15人が登場する。共通するのは、61歳の女性を除いて「子どもはいらないし、欲しくない」と語っていたことだ。毒親育ちの女性たちは主に母親から虐待を受けており、暴力と支配と憎悪のかぎりを尽くされた母親を恨んでいる。

しかし、彼女たちはそんな母親と自分自身を重ねてしまう。「もし、自分が母親のような親になったら、子どもは……」。そう考えてしまう彼女たちは怯え、子どもをつくることを忌避する。これほどまでに毒親から受けた心の傷は大きい。

毒親の影響で生きづらさを抱えるアダルトチルドレンとなっても、彼女たちは生きていかなければならない。

同じ血が流れている悪影響しか及ぼさない毒親とまず距離を置き、頭の中で逃げる算段をつけ、毒親を育んだ地域と絶縁し、違う土地で生き直していく。生まれて初めて安心安全な環境を手に入れて、最後に子どもを生まないという血を残さない決断をして、毒親との関係は決着する。

そして、心に受けた傷をゆっくりと癒やしながら、やっと過去を語れる状態になる。ここまでたどり着いた女性たちが、身に降りかかった悲劇を告白する。それが本書となる。

筆者がつくづく思うのは、家父長制や長男信仰、男尊女卑の病理が染みついたままで、まともに子育てもできない日本は、とことん貧しい国だということだ。世界経済フォーラムのジェンダーギャップ指数の低さは毎年話題になるが、２０２３年は１４６カ国中１２５位で、先進国のなかでは最低レベルとなっている。儒教の影響で女性に厳しい国と評される韓国（１０５位）よりもはるかに低い。

絶えず日本で起こっている病理とは、女性たちが傷つけられ続けるという負の連鎖である。長男信仰による兄と妹、姉と弟の男女格差は大きく、家父長制によって女性は虐げられ、その被害を受けて育った母親が娘に同じ行為を繰り返す。格差や差別行為に家族全員が同調し、虐待行為が警察沙汰になると、多くの毒親たちは「教育」「躾」「なにが悪いのかわかりません」と自分の正当性を主張する有様だ。

本書に登場する毒親育ちの女性たちの悲惨で陰惨な告白は、子育て中の読者の教訓となり、そうでない読者にとっても自身の親子関係を見直すきっかけとなるはずだ。そして、生きづらさを抱えたアダルトチルドレンとされる人たちには、同じような毒親被害に遭い、苦しみを抱えているのはあなただけじゃないんだと気づいてもらいたい。本書が少しでもあなたの人生を見直すきっかけや生きる糧になれば、これ以上の喜びはない。

２０２３年11年

中村淳彦

目次

第二章 「不倫」が家族を狂わせる

第五章 「いらない子ども」の悲劇

終章　子どもを「否定」する毒親の大罪

[装幀]妹尾善史(landfish)
[本文デザイン＆ＤＴＰ]武中祐紀
[編集]片山恵悟(スノーセブン)

第一章 「暴力」と「強姦」という地獄

毒親の定義

新宿歌舞伎町の西武新宿駅沿いにある、客層が極めて悪い老舗喫茶店の喫煙室にいる。

令和の歌舞伎町は、東急歌舞伎町タワーが建ち、ヤクザが影を潜めて、若者だらけの街となっている。プロの犯罪集団が目立たなくなっても、歌舞伎町は相変わらず治安が悪い。シネシティ広場ではトー横キッズたちが騒ぎ、ホストクラブにはホス狂いたちが群がって、大久保公園の周囲に立つ若い日本人街娼は増加の一途となっている。

そして、老舗喫茶店の客層は、今日も普通ではなかった。コーヒーを飲んでいるのは中年の肥えた売春婦、犯罪を生業《なりわい》にする半グレ、貧乏そうな男性と汚い女性のパパ活カップル、ネットワークビジネスマン、野球帽を被ったパチプロ風の前期高齢者と、ろくな人間が見当たらない。目の前で半グレ風が犯罪の話を大声でしているが、誰も気に留めることはなく、不快なタバコの臭気にまみれながら、それぞれが退屈そうに時間を刻んでいる。

本書のテーマは「毒親」である。元底辺系実話誌の編集長だった担当編集者の人脈を中心に毒親をテーマに取材対象を探すと、「毒親育ちです」「毒親に育てられました」「私を苦しめ続けた地元に恨みがあります」と、今も苦しみながら生きる女性たちから続々と連絡があった。

彼女たちの語りを聞く前に、毒親の定義をしておこう。

毒親とは「子どもに悪影響を与える親のこと」と言える。

毒親は暴力や暴言、過干渉などで子どもを思い通りに支配したり、自分の都合を優先させるためにネグレクトをしたりする。本書はそんな毒親に育てられた女性たちの語りに耳を傾けていく。

毒親に育てられた女性たちは、生まれた地元で地獄のような幼少時代を送り、青春時代に自分自身の絶望的な環境を理解し、すべてを捨てて東京や大阪などの大都市に逃げているケースが多い。だが、逃げたからといって関係を断絶できるわけではない。彼女たちには自分を徹底的に苦しめた親の血が流れている。体内に流れる血を恨みながら毎日を懸命に生きている。地獄だった毒親との日々をかき消すために。

食べ物にも困る絶対的貧困

巨大ターミナル駅の新宿は東京の中心である。どんな人間でも受け入れる街とされる歌舞伎町は、毒親に苦しめられた女性たちの語りを聞く場所としてはふさわしい。常に悪質な人物しか見当たらない老舗喫茶店で、厳しい子ども時代を送った女性たちと待ち合わせて話を聞くことになった。

まず、やってきた美衣さん（仮名、52歳）は未婚で、高校卒業以降はホステスなどの水商売をして生きている。昭和46年生まれ、第二次ベビーブームに生まれた団塊ジュニア世代である。

「今の時代は子どもを大切にとか、虐待はダメとか社会が言っている。びっくりします。行政も学校も市民も、子どもに暴力を振るったらいけないって、みんながみんな言っているじゃないですか。じゃあ、親や大人が暴力を振るうのが正義だった、ちょっと前までの日本はなんだったのと思います。それに子ども食堂とか言っているけど、ご飯を食べられない子どもは昔からたくさんいたよ。いい時代になったと思うけど、もともと野蛮な人間しかいなかった国が、突然まともなことを言いだして違和感はあるよね」

団塊ジュニアは1学年に210万人がいる日本の人口ボリュームゾーンだ。教師や大人による管理教育、受験戦争、就職氷河期、非正規労働、そしてこれから団塊の世代の介護を課せられた悲運の世代と言われている。競争を強いられ、勝ち組かまともな職業に就けなかった団塊ジュニアが結婚・出産しなかったことが、現在の深刻な少子化を引き起こした原因とも言われている。

美衣さんの故郷は北関東に位置するA市で、イチゴの産地としてそれなりに有名だった。

イチゴの花言葉は「幸福な家庭」「尊重と愛情」だ。しかし、美衣さんにとってイチゴは、絶望的な貧困と母親からの暴力を連想させる、視界にすら入れたくない果物となっている。また、「A市」という文字を見たり、聞いたりしただけで、今でも気分が悪くなるという。

父親と母親は昭和22年生まれの76歳。団塊の世代である。戦後に生まれて高度経済成長期に育ち、現在は高齢者優遇の恩恵を徹底的に享受する恵まれた世代だ。実家の家族構成は祖母と両親。父親は不安定な自由業で、母親は市内の中小企業に勤める会社員だった。

「父親は家に寄りつかず、稼いだお金は全部自分で使う。あの世代の男なので『飲む、打つ、買う』の人。小学2年生のときにおばあちゃんが死んで年金が入らなくなった。同じ頃に7歳下の妹が生まれて、育児をしていたおばあちゃんが死んじゃって、母親は正社員だったのに会社を辞めて家庭に入った。父親は家にお金を入れない、おばあちゃんが死んで年金がなくなって、母親は育児のために会社を離職したから貧困になった。ガチの貧困でした。食べ物にも困る絶対的貧困です」

家計は火の車だった。そこに追い打ちをかけるように父親が仲間の借金の保証人となり、その仲間は市内の駐車場で焼身自殺をしてしまった。父親は借金を全額被ることになり、美衣さんの家はいっさいのお金がなくなった。

「あのときは食べ物に本当に苦労した。母親は子どもの私を優先して食べさせるみたいな感覚はまったくないので、本当に食べることができなくなった。しばらくは冷蔵庫にもらった卵があったけど最後はその卵もなくなった。お米だけはあったので、ご飯を炊く。それに醤油をかけて食べる。母親はマタニティーブルーと貧困と苛《いら》立ちで、もともとあった私への暴力がさらに凄まじくなった。ひたすら殴られるようなメチャクチャな状況で、私は全身アザだらけで、加えていつも空腹。で、最終的にお米もなくなった。日曜日とか祝日になると給食もないから、そのままだと餓死してしまうほどつらくて、人の家の庭にあった柿やイチジクを盗んで食べたりした」

小学3年生になっても、絶対的貧困は続いた。食事は給食のみ。家にはなにもない。そして、父親の態度や厳しい貧困状態にイラつく母親は、美衣さんを見ては平手打ちや蹴りなど、暴力を振るう。お金と食べ物がないので、家族の食事の時間はない。美衣さんは常態的に全身アザだらけとなって、お腹が空《す》いたら人の農地に忍び込んでイチゴやトマトを盗んで食べてしのいだ。

「とにかく食べ物がなかった。その頃、市の大通り沿いにファミレスができて話題になってて、同級生は週末に家族でファミレスに行っていた。私、それが夢だった。家族でファミレスすげーみたいな。食べることすらできないから、中学になって当たり前のように不良になった。ひたすら貧困と暴力だから、生きるための選択肢がそれしかない。中学になって知らないジジイからお金をもらったり、カツアゲするようになってやっと自分で食べ物を買えるようになった」

中学1年のとき、同級生からカツアゲしたお金を持って宇都宮市内の東武百貨店まで行ったことがある。地下に行くと、たくさんのケーキ屋さんがあった。見たことのない風景だった。250円するアプリコットデニッシュを買って食べた。「こんな美味しいものがあるのか！」と驚いた。そのときのリンゴとシロップの甘い味は今でも忘れられないという。

手と足を縛ってボコボコに殴る母親

美衣さんは物心ついたときから高校生になるまで、母親から徹底的に身体的虐待を受けている。全身は常にアザだらけで、流血も日常だった。母親に、いったいなにをされたのだろうか。

「物心ついた頃から日常的に暴力があった。全部、母親です。怖いからおばあちゃんの背中に隠れるけど、引きずり出されてボコボコにされる。もう、本当にボコボコ。理由はなんでもいい。音を立てたとか、片づけ忘れたとか、口答えしたとか」

幼稚園のときに受けた暴行のことは、とくによく覚えているという。美衣さんが努力とか頑張ることをやめようと思ったエピソードだった。

「1歳年上の近所の女の子が、『私、漢字で名前書けるんだ』って、うちの母親の前で自慢したことがあったの。それで漢字が書けない私に母親が怒りだして、お前も今日中に名前を書けるようになれって、書けなかったら往復ビンタって言って会社に行った。

その日、私は一日中漢字の練習をした。夕方くらいにやっと名前を漢字で書けるようになった。幼稚園児なので往復ビンタって言葉を知らなくて、漢字が書けたらなにかおやつみたいな食べ物をくれると思っていた。夜になって母親が帰ってきて、玄関まで自分で漢字を書いたって持っていった。『漢字を頑張ったから、往復ビンタとかっていうやつちょうだい』って言ったら、頑張って書いた漢字を見ながら汚ねえ字だって、10往復くらいビンタをもらったんですよ」

それが、美衣さんが努力や頑張ることをやめたきっかけである。

それにしても、母親はひどい。現在76歳、団塊世代の母親の履歴を見ていこう。母親はA市の農家に生まれて、6人兄妹の下から2番目だった。地元の公立高校を卒業して、地元の中小企業に就職している。そして、22歳のときに同じA市出身の自由業の父親と見合い結婚をする。父親の仕事は不安定なので、寿退社はしないで仕事は続けていた。

「まず父が家に帰ってこない。母親は、自分は勝ち組の結婚をしたと思っていた。父親はイケメンでお金があるって。ババアだけが邪魔だけど、まあ、いいかっていつも言っていた。家付きカー付きババアなしって昔は言ったらしくて、だからババアだけは誤算だったたって。でも、父親はあまりにも問題ありすぎだった。経済的に不安定だし、なにやっているかわからない。私が子どもの頃には、母親的には結婚は失敗したって意識だった。お前さえいなければもっといい生活ができた、っていうのが基本的な虐待の理由でした」

母親は育児をしなかった。祖母が死ぬ小学2年生までは、祖母に育てられている。母親は朝出社して夕方から夜に帰宅する。美衣さんは夕方から就寝まで、なにかしら理由を言われて暴力を振るわれる。そんな毎日だった。妹が生まれて、母親が離職し専業主婦になってからは、その暴力が一日中になった。

「母親はアパホテルの社長に似ている。あんな感じ。さすがに手と足を縛られて、ボコボコに殴られたら痛いから逃げるじゃないですか。足を縛られているからぴょんぴょん逃げると、母親は笑いながら追ってきて、後ろから蹴られて転がされてボコボコ。母親には危ないって感覚がない。異常者。普通じゃないんだけど、その理由は農家の生まれだからだと思う。母親は農家の生まれなんですよ。農家は本当に暴力的」

母親の実家は大人数で暮らしている大きい家だった。きょうだいもたくさんいる。男尊女卑、家父長制、長男文化のすべてが揃っている家であり、子どもたちは親や大人から棒で叩かれたり、牛や馬以下みたいな扱いで殴られるのが当たり前だった。「そんな暴力的な農家の大家族で育ったことで、母親はモンスターのような人間になった」というのが美衣さんの見立てである。

「農家では子どもは奴隷みたいに育てられる。棒で殴られながら、強制労働みたいなことを強いられる。母親は私に自分のやられたことをやっているから、当然のことと思って虐待をしている。母親の実家は、田んぼの真ん中にある怖ろしいところ。母の実家に遊びに行くと、農業をしているおじいちゃんとかが本当に怖かった。母親も祖父母を嫌っていたし、邪気が蔓延しているというか、いつも空気が悪かった」

母親に虐待を受けながら、絶対的貧困で苦しいとき、父親は死んだ仲間の借金を抱えたまま、さらに事業に失敗した。親戚中を回って借金のお願いをしていた。連帯保証人で背負った借金を返せるはずはなく、小学4年生の頃からヤクザの取り立てが頻繁に家に来るようになった。

「私、子どもの頃は賢かった。父親は親戚からの借金がダメになったら、どんどんヤバいとこから借りまくる。吉本新喜劇のコントみたいな取り立てが家に来る。縦ストライプのスーツの兄貴分と弟分がワンセットで、小学生の私を相手になんか寸劇をやる。家の前で待ち伏せしていた弟分みたいなのが近づいてきて、『お前よぉ』みたいな。

『お父さんの場所はわかりません。お母さんの会社は知りません。何時に帰ってくるかわかりません』って毅然と言っていた。ヤクザは『あんたのお父さんとお母さん、借りたカネ返さないんだよ！』って怒鳴る。私は『知りません。聞いてません』って返答するだけです」

昭和50年代前半、サラ金地獄という言葉が流行した頃の話だ。借金の取り立てに法規制がなかった時代で、電話は鳴りっぱなし。「カネ返せ！」の張り紙を家に貼りまくる。夜に大勢で自宅に押しかける。土足で家に入り込むこともざら。なんでもありの時代だった。

「普通にヤクザが土足で入ってきて、父親がたまに帰ってくるとヤクザがくる。父親が帰ってきたときだけ母親は夕飯をつくるので、夕飯のときにヤクザが10人くらいきて囲まれる。子どもだけだと、おかずはない。お米に醤油かけて食えって怒鳴られる。父親がいると、魚とか焼いてあるわけですよ。私にとっては、滅多にありつけないご馳走。それをヤクザが『飯なんて食ってるんじゃねえ！』ってバーンって蹴った。私は床に散らばった焼き魚とかを黙って戻して、野菜炒めとかも手で戻して、ギャーギャー騒ぎながら父親が連れて行かれるのを見ながら、夕飯を食べていました」

「ソープとかヤバいところに両親に売られる」

母親の暴力は、さらに激しくなった。なにかあるとすぐに激怒して恫喝して殴る。母親の怒声と、美衣さんの悲鳴は近所中に響き渡る。しかし、どれだけ叫んでも、近隣住民に助けを求めても、一度すら助けてもらったことはなかった。

「地域の人たちは、母親の虐待を全員知っていた。でも、全員が見て見ぬフリ。昭和の時代って、やばそうな家のことを無視する。たとえば私が激しく折檻《せっかん》されて、近所じゅうに聞こえるような声で助けてって言って、ギャーギャー痛いとか騒いでいて、体はもう足とか腕にはもうアザがいっぱい。けど、誰も母親に注意しないし、助けてくれない。その家のことには口を出さないっていう。教育とか躾とか、子どもは本当にただただ暴力の受け皿になるしかなかった」

中学校に入って美衣さんの体中にあるアザを、同級生や同級生の親たちが知ることになった。

「『これ、お母さんがやったの？』って聞かれて、『はいそうです』って。『いつもです』と言ったら、『いや絶対自分の子どもじゃないよ』って言われた。そうかもしれないなと思って、父親にも母親にも聞いたけど、残念なことに私は母親の子どもだった」

小学6年生になると、ヤクザの借金取りが激しくなった。

毎日、誰かしらが土足で家に上がって怒鳴り散らしている。母親はヤクザに「お前、ソープに沈めるぞ」と脅されていた。現在、日本の後進国化によって女性たちの売春は常識となってしまったが、昭和の時代は「ソープに沈めるぞ」という文句は、一般的な市民に対してなによりの脅しだった。

「母親は『ソープに行けって言われた』って私にマウントを取る。お前と違って女としても魅力があるってマウント。私はもう施設に入りたかった。ネットがない時代なので、施設がどういうとこかわからないけど、家と母親から離れたかった。施設に入りたかった一番の理由は、母親はヤクザに『ソープに行け』って言われて喜んでいて、これは時間の問題で自分が売られると思った。だから、施設に入りたいって思ったんですね。

どう考えてもこのブスなおばさんの母親より、未成年の自分に商品価値があるだろうなと。いずれ、ソープとかヤバいところに両親に売られると思った。そうなったら、本当生きて帰れないなって震えた。だから施設に入りたい。どうして父親のせいで、関係ない私が売られて死ななきゃいけないのよって思った」

最終的に両親は離婚して、母親は生活保護を受けた。父親と距離を置いて経済的に安定するようになったが、母親からの暴力はもっと激しくなった。

「離婚して小さい風呂なしのアパートに住んだ。隣の家が同級生の男の子のプロパンガスのガス屋さんで、ガス屋のおじさんがやたらと私によくしてくれた。アパートに電話がなかったから、ガス屋の電話を学校の連絡網に使っていいよって。同じ町内会にあるガス屋だったけど、要は母親とガス屋のおじさんがデキていたんですよ。だからガス屋のおばさんが些細なことで私に文句言ったり、嫌がらせしたり、いろいろあった。おばさんは、母親とおじさんがデキているのを知っていた。だから私が責められるみたいな感じになった」

「我慢しないで母親と戦うことにしました」

美衣さんは中学生になって不良になった。それでも親の存在は絶対、絶対服従という洗脳は解けなかった。母親の虐待、暴力、折檻、下着姿で表に出すなど、身体的虐待の通常運転は続いた。

「体が大きくなっても、母親には抵抗しなかった。貧しい家の子どもだったから小学校のときから不良中学生に目をつけられてて、誘われてやっぱり不良になる。誰も助けてくれないってわかっているから、不良でも自分の将来は考えるわけ。でも、勉強したいと思ってもお金がない。とにかく学校に通えるだけでありがたいと思えって。もちろん参考書みたいなのは買えない。それでも、ちょっと点数悪くなると、ひどい折檻を受ける。

真冬に裸で外に出されたとき、大げさじゃなくて凍傷とか凍死するかと思った。いい加減もう耐えられないと思った。先輩に逃げ場所みたいなところを確保してもらって、外の洗濯機の後ろに着替えの服を隠した。荷物とか自分の財布とかを近所の友だちに預かってもらって、用意周到に準備して、次に家を追い出されたら逃げようって。

で、また母親が怒鳴り散らして、こん棒で私の体を叩きまくり、裸になることを命令されて外に出された。そのときに、隠してあった洋服を着て家から逃げた。それから母親からの虐待が凄まじいこと、異常な人格であること、決して教育や躾ではないことを、あらゆる人に話すことになった」

児童虐待防止法がなかった時代である。異常な虐待を大人に伝えても、やめさせる術《すべ》はなかった。中学校の先生たちは過酷な家庭環境に同情して、余った給食のパンを分けてくれる、心配して声かけしてくれる、人に伝えたことでそんな環境の変化があった。

「家出騒動からいろいろ母親の悪事をバラして、そこから私も我慢しないで母親と戦うことにしました。ここまでが長かった。それまでは一方的に殴られっぱなし。親だからやり返しちゃいけないという思い込みがあった。正直、洗脳されていた。母親は躾と言って虐待するので、助けてって言っても誰も助けない。ボコボコにされても、棒で殴られていても、通行人は誰ひとり通報もしないし、無視。近所の人は、泣き叫んで、アザだらけになっていることを知っている。でも、絶対に誰も私を助けない。

友だちとか学校の先生が、それはひどい、よく我慢したね、大変だったね、かわいそうにって言ってくれた。私はかわいそうなんだって、私が悪いんじゃないんだってやっとわかった。それで、母親が棒を持って折檻してきたときに、ホウキで応戦したんです。ずっと殴られっぱなしだったけど、初めて立ち向かった」

このとき、母親は美衣さんに対して、見たことのない驚愕の表情をしたという。

「それからは殺し合いですよ。素手で戦っても鉄製の棒とか使われるから大変だった。いつも最悪。だって母親は鉄製の棒で本気で殴ってくる。顔はあんまりやられないけど、でも勢い余って頭から血が出たこともある。私からどこを狙うとかっていうよりも、まずは防御から始めた。今まで抵抗しないでずっとうずくまっていたけど、やられっぱなしなのはやめた」

その後、美衣さんが応戦するたびに母親は「お前～！　親に歯向かうのか～！この親不孝者～！」とヒステリックに絶叫し、もっと暴れたという。

娘が売春で稼いだお金にたかる母親

母親が高校進学のお金を出さないのは、目に見えていた。学校から給食を分けてもらえるようになってから食べ物に困ることはなくなったが、高校進学はどうしてもしたかった。

美衣さんは中学2年生のときから、宇都宮のテレクラで売春を始めている。時間があれば、宇都宮に行って中年男性たちにカラダを売った。「中学生と本番ができる」と、中年男性たちは喜んで美衣さんを買った。

「高校進学のとき、母親は『受験料が無駄になるから滑り止めは絶対に受けさせせない』ってなった。学校の先生は情熱がある人で、母親に説得を重ねたけど、カネは出さないの一点張り。どんなことがあってても入れるところってランクを下げて受験した。中学2年生から売春していたので、学費くらいのお金は持っていたけど、それは言わなかった。当時は売春している子は少なかったし、中学生だったので売春はお金にはなった。一回7万円とか10万円とか、そんな金額で売れた。売春は宇都宮だけ。A市でやると、友だちのお父さんとかになるのでそれはしなかった」

売春して稼いだお金で、まず買ったのがケーキである。美衣さんはケーキを生まれてから一度も食べたことがなかった。

「友だちと宇都宮に遊びに行くと、その友だちのお母さんに買い物を頼まれたりする。お供えとか。それで初めてデパートの地下食料品広場に行って、アプリコットデニッシュやばい、レアチーズケーキやばいってなった。何百円もするから、1個が豚コマ何十枚分かなとか思ってました。それとサバのなんか一夜干しみたいのが1000円だった。どういう人がこんな高価な干物を食べているのって、すごく衝撃を受けた。でも、売春で7万円とか稼げたので、ケーキは思いっきりたくさん食べた。何千円も使って食べた。本当に美味しかった」

中学生からテレクラ売春を始めて、高校生になっても続けた。売春を始めてからお金や食べ物に困ることはなくなった。母親は高校生の娘がいくらかお金を持っていることに気づいた。そして、今度はことあるごとに支払いを求められるようになった。

「お金のためとはいえ、おっさん相手にセックスするのは嫌。だから、普通のアルバイトをしたいなと思ってた。足を洗いたいじゃないけど、いい客だけ残して、キモいおっさんとやるのはもうなしにしたいって。本屋でバイトするのに親の許諾みたいなのが必要だったけど、母親は『絶対にサインしない』ってなった。テレクラ売春やっていることにうっすらと気づいていて、『普通のバイトはダメ、そんなことよりお金があるなら食費と光熱費と税金を払え』って言いだした。それから、ことあるごとにお金の要求がはじまった。仕方ないから言われるままに支払った」

美衣さんは高校を卒業して水商売の道に進んでいる。母親は社会人になっても家を出るのは絶対にダメだと反対し、「育ててあげたんだから稼いでお金を入れて！

産んであげたんだからお金を入れて！」と言いだした。

「正直迷惑でしかなかった。産んでくれたことも迷惑だし、育てあげたとか違和感しかない。お前が言うなって。ほかの子どもは商業高校を出て近所の信用金庫とかで働いて、ローンで軽自動車買って家に毎月5万円入れている、お前もそうしようって。結局、上京したのは20歳のとき。母親は嫌だったけど、7歳下の妹もいたし、妹の存在が家を出ることを迷った理由。20歳のときに母親だけじゃなくて、地元もなにもかも嫌になった。それで東京に引っ越した」

母親の徹底的な虐待は、人と人との相性ではなく、暴力的な農家で育った母親の人格そのものだった。美衣さんが家を出ると、妹も同じように虐待に遭った。東京で暮らしていると、妹からSOSの電話が頻繁にくる。いつでも東京に逃げてきていいから、そう伝えていた。

母親は今76歳。A市で、生活保護を受けながら一人暮らしをしている。

「母親は一戸建ての新築の家にすごく憧れていた。最後に付き合っていた地元の農家のジジイかなんかが、その夢を叶《かな》えてやりたいって、母親と妹にローンを組ませて建て売りを買わせようとした。妹に相談されて、ふざけるなって言って、そうしたらジジイの娘の名義でローンを組んで支払いは母親と妹でとか言いだした。人のローン支払ってどうするのって。本当に田舎のジジイとかババアは考えることが狂っている」

母親とは絶縁したが、妹とは年に一度は会っている。妹は今年43歳。未婚のままA市の介護施設で働きながら一人暮らしをしている。

「妹はあの母親に育てられて、結婚できるわけがないって。虐待とか折檻は妹のほうがまだソフトだったみたいだけど、そんな育ちをした人間が結婚なんてできるはずがないと思っている。

私たちはひたすら暴力を受けて育っているから、たとえば彼氏とか、そういう人に当たり前に暴力を振るってしまう。それは悪いことをしたら折檻って育てられたことが原因で、『他人が悪いことをしたら暴力を振るうのは当たり前でしょ』みたいな意識があった。そういう異常な感覚を直すのって簡単じゃない。私も、妹も、母親から逃げてから対人関係に苦労した。とにかく母親は親になってはいけない人間だし、ああいうモンスターみたいな人間を育んだA市も狂っている土地ということ。地元も母親も、その血を受け継いでいる私自身も、妹も、本当に気持ち悪い。ずっとそう思っている」

美衣さんの話は終わった。どんな厳しい内容も、淡々と表情を変えずに語っていた。生まれたときからの暴力漬けの地獄と、狂った血を受け継いでいる自分自身を諦め尽くしているのだと思った。

「変態アジト」にいた美智子さん（仮名、61歳）

美衣さんの話を聞いている間、かつて池袋西口で変態居酒屋を経営していた通称・変態ママ（推定60代）から連絡があった。変態ママは池袋周辺の変態高齢男性の顧客を複数人抱え、居酒屋の閉店後もフリーで売春仲介業をしている。

変態ママのところには、平成の時代から行き場を失った貧困女性や訳アリ女性が助けを求めて日々やってくる。宝島社新書の「貧困女子シリーズ」にも、奴隷労働から逃げた川越市の農家の嫁、コロナで餓死しそうになった非正規介護職員など、変態ママの紹介で何人もの苦境に陥った女性が登場している。変態ママは女性たちが経済的な問題を抱えていた場合、顧客である池袋周辺にいる変態高齢男性を呼びだし、「変態アジト」と呼ばれる分譲マンションの一室で売春や乱交セックスをさせる。どんな女性でもマッチングによって価値を生み出し、女性の経済的問題を解決させるという活動をしている。そんな変態ママから「今、毒親育ちの女性が変態アジトに来てるわよ」と伝えられた。美衣さんを取材していた西武新宿駅沿いの老舗喫茶店をすぐに出て、JR新宿駅から山手線に乗って池袋に向かうことにした。

ママが所有する変態アジトにいた美智子さん(仮名、61歳)は、どこにでもいるような地味な高齢女性だった。化粧っけはなく、髪の毛には白髪が混じっている。

3年前に離婚、44歳のときに生まれた高校生の娘のお母さんである。現在、登録制のベビーシッターをしているが、娘の専門学校への進学費用がないので売春しようと変態ママのところにやってきた。

「離婚したのは、元夫に『彼女ができて再婚したいから』と言われたからです。元夫は71歳、今はカニ料理屋の店長。で、私を入れたらバツ4。結婚生活は38歳から

58歳までなので20年間でした。元夫は、とにかく束縛する。潔癖症でDVもすごかったし、娘も父親のことを怖がっていた。離婚って言いだして、すぐに受け入れました」

元夫と知り合ったのは、大手の結婚相談所だった。

美智子さんは38歳のときに、出産のラストチャンスと結婚相談所に登録。相談所主催の5人対5人の婚活パーティーで、元夫と出会った。元夫は美智子さんに一目惚れして、強く告白された。外見が好みだったので、美智子さんは頷《うなず》いた。

「高校生の頃の私の写真と、元夫の写真は携帯にあります。見ますか？」

写真を見せてもらった。高校生の頃の美智子さんは、スレンダーなアイドルのような美少女だった。45年前なので写真は古かったが、若い頃の中山美穂に似ていた。そして、元夫はいかにも水商売風のダンディーな男性だった。有名人でいえば、松平健に似ていた。

美人の美智子さんの外見に豪放な性格の元夫が魅せられて、強引に結婚を迫られたというのは写真を見ると頷ける。元夫は華やかな外見だけで、美智子さんのことを好きになった。美智子さんも、元夫がダンディーなイケメンだったのでプロポーズに頷いた。2人はすぐに相談所を成婚退会して入籍した。

「元夫は男尊女卑。女は専業主婦で家事を完璧にやれみたいな感じで、家に帰ってきたら、指で埃を確認するみたいなタイプ。潔癖症。埃がいっさいないようにちゃんとしろとか怒鳴って、なにか言い返したら倍返しされる。

束縛もすごくて、昼間は家から出るなとか。友だちと会うのはダメとか。もちろんDVもあって気にくわないとひっぱたかれる。一度、外に出られないように家の中で縛られたことがあって、もうこの人はダメだなと思った。妻は家から出てはいけないけど、自分は遊んで不倫して、若い恋人ができて、その人と結婚したいからって言いだした。それで、離婚することになりました」

離婚前、旦那のDVによって精神を壊したことがあった。

不眠と動悸、手の震え、眩暈《めまい》、不安感がひどくなって精神科を受診したいことを元夫に言った。元夫は、受診するのは絶対にダメだと怒鳴る。しかも、追い打ちをかけて平手打ちをされた。それから3日間眠れなくて、手の痙攣が止まらなくなった。そうしてやっと、元夫同伴での受診が許された。

「病院では先生に『おい、お前。こいつは病気なのか!』みたいな口の利き方。先生は振り子みたいなジェスチャーをしながら『心がこっちに傾いたら精神病の患者、こっちに傾いていたら普通。ギリギリのところ』って無表情で言う。そうしたら元夫は『じゃあ、こいつは普通だ! 処方箋もいらない、飲ませない』って。それに絶望して、首を吊ろうか迷ったり、何回かOD(オーバードーズ)もしたし。20年間、不幸な夫婦生活でした」

3年前、離婚届を提出して中学2年生の娘と家を出た。養育費で家賃を払いながら保険外交員、介護職といくつかの職を転々として、今ベビーシッターをしている。月に10万円にしかならない。児童扶養手当、養育費をもらい、公営団地の安い家賃でなんとか生活できているが、娘の進学費用はどうしても出せない。

娘が高校2年生になったので、池袋で変態高齢者相手に売春することにした。美智子さんは「風俗経験はないけど、なんとかなると思う」と笑っている。

娘でマスターベーションする実父

美智子さんが不幸なのは、結婚に失敗したからだけではない。物心がついた頃から男による性的虐待を受け続けて、男の欲望に翻弄される人生を送ってきた。

「私、実の父親を筆頭に、いろいろ性的虐待を受けているんです。それで男の人がずっと苦手だったことが、結婚が遅れた原因。子どもが欲しいので無理して結婚したけど、やっぱりダメだった」

性的虐待とは、いったいなにをされたのだろうか。

売春や風俗、アダルトビデオ業界を取材していると、昔から一定数の性的虐待経験者が現れる。性的虐待の被害はダメージが大きい。なにをされたのか質問をしても、話したくないと拒絶する者、泣きながら語る者とそれぞれだが、美智子さんは表情をしかめた程度で、当時受けた被害を語りだした。

「男性に対しては嫌な思い出しかない。幼稚園の頃から近所のおじさんとか、近所のお兄さんに何度も悪戯《いたずら》されて、小学生になってからは父親。それと、先生。もう、次から次みたいな感じでメチャクチャでした」

幼少期から性的虐待漬けだったという美智子さんが生まれ育ったのは、東京都足立区綾瀬。すべての性的虐待は、その地域で受けている。綾瀬は足立区と葛飾区の区境にある。東綾瀬公園、しょうぶ沼公園など緑が多くて環境はいいのだが、筆者の経験による主観では、住人は貧しく、雰囲気がくすんでいる嫌な街である。

かつてこの街で、未成年の地域住民による「女子高生コンクリート詰め殺人事件」が起きている（1988年）。欲望に飢えた地元の不良少年グループが、自転車通学をしていた女子高生を拉致監禁。欲望のままに強姦を繰り返して、最終的に殺してコンクリート詰めにしてしまったという陰惨な事件である。

筆者は綾瀬周辺で介護施設を運営していた経験があり、もう少し個人的な経験も伝えたい。地域住民の嫌がらせ、狂っている高齢者、自己中心的な貧困家庭、家族による徹底した高齢者虐待、生活保護のヤクザ、同じ新興宗教の信者しか住んでいない公営団地、性格の悪い中卒の中年童貞と、綾瀬には本当に嫌な記憶しかない。

美智子さんが当時住んでいた場所を聞くと、何度も足を運んだことのある老朽団地で、モヤがかった嫌な雰囲気と錆まみれの郵便ポストを思い出した。

「子どもの頃はパパっ子でした。小学校のときは触られても、ほっぺにキスされても、性的な悪戯って感じじゃなかった。普通の優しいお父さん。父親がおかしくなったのは、私が小学2年生のときに離婚してから。父親が出ていったけど、離婚してから性的虐待がはじまった。両親の離婚理由は、子どもには全然わからない」

父親は普通のサラリーマンだった。父親が25歳のときに美智子さんが生まれている。様子がおかしくなったのは、父親が33歳、美智子さんが8歳のときだった。

「母親がいないときに、父親が家に来るようになった。いつも来るのは母親がパートに出てて、私が学校から帰ってきたばかりの15時とか。父親は笑顔で、子どもの頃みたいに抱っこしてほっぺにキスしたりとか。そんなスキンシップみたいな感じだったんだけど、ある日からだんだんとカラダを触られるようになった。パンツを脱がされたり、おっぱいを揉まれたりするようになったんです」

父親が家に来るのは不定期で、月1~2回。いつものスキンシップからはじまって、胸や陰部に執拗に触れてくるようになった。やがて手だけでなく、舌を使って舐めてくるようになる。

「裸にするだけじゃなくて、おっぱいを吸ったり。性器をいじったり、みたいなこともはじまった。それで何回目からは父親も下半身を出して、おっぱいを吸いながらマスターベーションをしだした。精液が出るまで擦《こす》る。もう、その段階ではすごく嫌だったけど、お父さんだから嫌と言ってはいけないのかな、みたいなことを思っていました。明確に嫌だとハッキリと思ったのは、私を触りながら母親の名前を呼ぶようになってからです」

母親は「文子」という名前だった。父親は膨らみはじめたばかりの乳房に触れ、「文子、文子」と言いながら乳首を吸う。そして、ズボンとパンツを脱いでマスターベーションをする。母親の名前を囁かれながら、しばらく我慢していると父親の悶絶する声が聞こえて畳に精液が飛び散る。

ここまで話をしてくれた美智子さんの様子から、性的虐待の話を続けても精神的に大丈夫そうだったので、父親が具体的にどう触っていたのかを聞いていく。

「おっぱいを吸いながら下半身を触る。尿道というか陰部の表面を触って、当然子どもだから指なんて入らない。なので、いつも撫でて出すみたいな感じ。右手で自分のを擦って、顔が胸にあるから声が聞こえる。それで終わったら、すぐに持ってきたお菓子を置いて笑顔で帰っちゃう。

どうして、こんなことをするの？　と思っていました。なにが気持ちいいのかもわからないし、ただ父親はいつもふわっとした顔をしていた。だから、いいことなんだって最初は思っていた。表情がふわっとしているから我慢できたといえば変だけど、最初は性的なことの嫌悪感よりも、父親が私のことを気にかけて家に来てくれるうれしさみたいなほうが大きかった。でも、母親の名前を言うので嫌になった」

初体験は教師による強姦

父親の性的行為とマスターベーションは、ずっと続いた。よくないこだとわかっていたので、母親にはなにも言えなかった。そして、美智子さんに対する大人たちの性的虐待は、父親の悪戯だけでは終わらなかった。

「その頃、友だちが『鈴木（仮名）先生、美智子ちゃんのことをよく見にくるよね』って。『覗いていつも探しているよね』」って。小学5年生のときにほかの学年の先生が、よく私のことを覗きにくるようになった。ストーカーみたいな感じで」

現存する足立区立の小学校での、51年前の話になる。鈴木教師は30代後半、メガネをかけた地味な教師だったという。美智子さんは、いつも赤いネクタイをしていたのを覚えていた。

「私、5年生のときに図書委員だったんです。図書委員は交代で放課後に図書室を掃除する。それで、放課後に図書室で一人で掃除をしているとき、突然鈴木先生が後ろからドンッてきた。ガバッと後ろから抱きつかれて、乱暴に胸を揉まれて、パンツを脱がされて激痛がした。ドンとかズンとか、そんなすごい痛み」

鈴木教師は図書室に誰もいないことを確認し、音を立てないように内鍵をかけ、掃除をしている美智子さんに後ろから抱きついた。欲望のままに胸を揉み、パンツを脱がして性器を悪戯する。興奮しながら自分のズボンを脱ぎ、隆々とした男性器を露出させ、お尻を鷲掴みしてバックの体位から挿入した。

「後ろからでした。それがどういうことなのかって、保健の時間で習っているからわかるじゃないですか。え、私、大人じゃないって。先生はなにもしゃべらないで荒い息でずっと腰を振っていて、私はとにかく痛い。それに怖い。パニックになりました。叫んだり、逃げたりはできません。体も小さいし、やられるしかなかった」

鈴木教師はお尻に精液を放出して、慌ててズボンを穿《は》いていた。そして、呆然としている美智子さんにパンツを穿かせてから図書室から出て行った。初体験である。性器は1週間以上、痛かった。

強姦をされてから、ずっと性器はじんじんと痛い。数日経《た》ってから、保健の授業で習った避妊をされたのかが心配になった。胸が痛くなるほど心配になって、どうにもならなくなった。勇気を出して保健室の先生に起こったことを話して、どうすればいいか相談することにした。

「あんたが鈴木先生を誘ったんでしょ。とんでもない子どもだね！　帰りなさい！」

保健室の先生は、40代の女性だった。数日前の出来事を話すと、鬼のような表情になってそう言った。美智子さんは、どうして怒られているのかわからなかった。保健室の先生に言われるがまま、部屋を出て泣きながら教室に戻った。

小学5年生の美智子さんは男性教師に力ずくで強姦されて、頼った女性教員に恫喝された。鬼畜の鈴木教師は、生きていれば85歳くらいだ。

この小学校は同じ校名のまま現存するし、被害に遭遇した女子児童は、美智子さん一人だけとは思えない。教師が小学生を学校内で強姦するなど、本当にそんなことがあるのか驚いたが、美智子さんは自分の身に起こったことを、ありのままに話しているだけである。

教師からの強姦を相談した実父に強姦され……

少女に降り注ぐ悲劇は、これだけでは終わらなかった。

美智子さんは図書室で鈴木教師に強姦され、さらに追い討ちをかけて保健室で女性教員に恫喝されたことが大きなダメージとなった。精神的に追い詰められて登校拒否となったのだ。悪夢を思い出して眠れなくなり、頑張っても週一度くらいしか学校に行けなくなった。

「いろいろショックで怖くなって、家に閉じこもっていた。でも、新学期がはじまってすぐの4月、鈴木先生がうちに来た。学校が終わったばかりの15時くらい、玄関を開けたら鈴木先生がいた。家には誰もいなかった。先生に『久しぶり。学校にどうして来ないの？』って言われた。

怖くてなにも言えなくて、先生は笑顔で近づいてきた。『またしよう、大好きなんだ』って抱きつかれました。玄関で脱がされて、先生も下半身裸になって正面からやられました。最中は先生が怖い表情で腰を動かして、叫びたくても口を押さえられているので叫べない。すごく痛くて、怖くて、硬直してされるがままだったことを覚えています」

鈴木教師は性交が終わると、慌ててズボンを穿いて逃げるように帰った。美智子さんは裸のままで放置され、しばらくして服を着た。体の震えは止まらず、涙も止まらなかった。

美智子さんには、どうして男の人が自分の体を触って、興奮するのかわからなかった。保健の授業で男女のその行為は、子どもができるかもしれないこと、いけないことであるのは教わっている。下半身裸の鈴木教師を思い出すと、恐怖心といけないことをしている罪悪感で、胸が痛くなる。体中に嫌な気持ちが渦巻いている。

「保健の先生に怒られたことがトラウマになっていた。でも、訳がわからないので自分だけでは抱えきれない。誰かに話さなきゃ、相談しなきゃと思って、父親に電話をした。翌日、父親は母親がいない時間に家に来て、鈴木先生にされたことを話したんです」

登校拒否をしていることと、その理由は図書室での強姦が原因であること。妊娠が怖くて保健室の先生に相談したら、怒りだして恫喝されたこと。それがとてつもなくショックだったことを、父親に泣きながら話した。

鈴木教師は4月から弟の担任になり、1週間前に突然家に来て、自宅で再び強姦されたことも伝えた。父親は弟の担任に怒り、電話をすると言った。小学生なので妊娠はしないだろうけど、体調がどうなのか随時教えてほしいと言った。

「ひどい先生だったな。でもお前も大人になったということだ。俺ともするか」

父親は一通りの経緯と話を聞いてから、最終的にそう言いだした。

父親は近づいて後ろから抱きついてくる。いつものようにカラダを触られて、頬を舐めてくる。美智子さんはどうしてそうなるの？　そう思いながら我慢した。父親の欲望を受け止めた。

「先生に強姦されたことを父親に話してから、父親も求めてくるようになった。本番の近親相姦です。この父親の性的虐待というか、カラダを要求するみたいなことは高校卒業まで続きました。数十回はやっていると思います。本当に気持ち悪いし、つらかったけどそんな感じになってしまいました」

登校拒否になった美智子さんは、父親に日常的に強姦されるようになった。それから、さらに精神的に閉じこもった。怖くて学校に行けないだけでなく、いつ父親が来るかわからないので、自宅にいるのも怖くなった。

この頃から統合失調症の症状がはじまっている。「死ね、死ね。もう死のう。死んじゃってもいいよ」。たまにそんな幻聴が聞こえる。実際に団地のベランダから飛び降りようとしたことも何度もあった。飛び降りるのは怖い。ベランダに出て飛び降りようとしても、躊躇して実行することはできなかった。

結局、小学6年生の1年間は学校に行けなかった。中学校は地元の公立ではなく、自宅から離れた寄宿舎付きの特別支援学校に進学した。自宅から離れたことで、父親との関係もストップした。

「中学校の3年間だけは平穏でした。自宅から離れたのでなにもされなかった。勉強もちゃんとして、学力も取り戻して普通に過ごせました。高校は足立区に戻って、私立の女子高校に進学した。足立区に戻ったら父親がまた自宅に来るようになって、カラダを求められた。なにも変わらない、母親の名前を呼びながら私のカラダを触って挿れてくる。本当にうんざりしました。『嫌だ、やめてほしい』って何度言っても聞いてもらえない。まあまあ、いいじゃないかみたいな感じでやってくる」

男性恐怖で統合失調症に

高校生のときの美智子さんはアイドルのような容姿だった。魅惑的な美智子さんに対して男性親族が狂っていった。肉体関係は、実の父親だけでは終わらなかった。

「高校2年生のときに母親の兄である叔父に迫られました。たまたま叔父と叔母が遊びに来ていて、母親と叔母が北千住に買い物に行って2人きりになった。私は叔父のために昼食の準備をしていたんだけど、叔父が後ろから抱きついてきた。ものすごい力で洋服を脱がされて、やめて、やめてって手を払ったんだけど、止まらなかった。叔父は『美智子ちゃん、美智子ちゃん』って異常な興奮状態で、ものすごい勢いでズボンとパンツを脱いでその場で挿れられました」

キッチンで立ちバックの体位で強姦された。叔父は「かわいい、かわいい、きれいだ、美智子ちゃんはきれいだ」と、腰を振りながら声をあげる。下半身は痛い。数分間、ズンズンする痛みを我慢して終わった。

「叔父と叔母は昔から私によくしてくれたけど、結局そんなことになった。2時間くらいで母親と叔母は楽しそうに帰ってきたけど、レイプされたとか言えない。なにごともなかったように振る舞うしかなくて、父親との関係も続いていたし、もう頭がおかしくなりそうだったし、本当に頭がおかしくなっていた」

美智子さんは幼少時からの性的虐待、繰り返される強姦被害、誰にも言えない精神的なダメージによって、まだ初潮がきていなかった。初潮がきたのは家族から離れて父親と縁を切った20歳になってからである。

高校を卒業して、就職活動をした。高校の推薦でメガバンクに採用され、東京本店の窓口業務をするようになった。高卒の一般職女性は独身男性行員の嫁候補という扱いが当たり前の時代だった。入社早々、様々な男性行員が入れ代わり立ち代わり美智子さんに近づいてくる。

「銀行で今まで溜まってきたものが爆発して、完全に精神的におかしくなってしまいました。『彼氏いるの?』『デートしたい』『飲みに行こう』『エッチしたことあるの?』『俺の好みなんだ』とか……出社をすると、ひたすら男性に声をかけられる。ずっと虐待とか強姦とかそんな経験をしているので男性は怖いし、関わりたくない。ずっと我慢していたけど、一日中、次から次へと男性に話しかけられるので、本店の営業中に『もういやぁぁぁぁ〜』『ぎゃぁぁぁぁ!』って絶叫しちゃったんです。そこで初めて精神科に行きました。精神分裂病(現在は統合失調症)と診断されて、銀行は2年もたないで辞めました」

退職と同時に、悪夢しかない足立区綾瀬の団地を出た。父親や叔父、鈴木教師に絶対に会わないように多摩地区のほうに引っ越した。地獄のような性加害を繰り返されたことで患った統合失調症が治ることはなかったが、薬を飲みながら、男性を避けながら、従業員が女性だけの環境の小さな会社で働いた。

美智子さんが初めて「子どもが欲しい」と思ったのは38歳のときだった。

悪夢から20年以上は経っている。今だったら大丈夫かもしれないと思って結婚相談所に登録した。そして出会った男性と結ばれて、ひたすらDVを受けて離婚した。そして61歳になった現在、池袋の変態ママを頼って売春をはじめようとしている。

「ママには『男性客はよく知っている男たちなので大丈夫。絶対に怖い思いをすることはないから安心して』って言われています。だから、あまり心配していません」

取材が終わり次第、この変態アジトに男性客がやってきて売春をするようだ。筆者は美智子さんに見送られて帰るとき、エレベーターの前で貧しそうな老人とすれ違った。老人は変態アジトの中に入っていった。

実母に出刃包丁で刺されたあかねさん(仮名、47歳)

北関東出身の美衣さんと、東京都足立区綾瀬でオヤジたちに悪戯と強姦をされ続けた美智子さんの話を聞きながら、ソープ嬢のあかねさん(仮名、47歳)のことを思い出した。

あかねさんも美衣さんと同じ北関東出身。上京してからの数年間、親の借金を返済するために池袋のソープランドで働き、現在は都内の病院で看護師をしている。

あかねさんを取材した時期は数年前。北関東の実家で起こったことを思い出したくないようだったが、取材当時、筆者は時間をかけて聞き出している。

「出身は●●県。●●って名前を言っただけで気分が悪くなるくらい、いいことはなにもなかったよ。1時間に電車が1本しかない田舎で、田んぼや畑ばかりでたまに車が通ったりして、なんか思い出しただけで気分が悪くなるようなところ。もう15年間くらい実家には帰ってないけど、帰ってないっていうより、嫌でしょうがなくて逃げ出したから」

実家は●●県の郊外。サラリーマンの父親、専業主婦の母親、弟の4人家族だった。両親はともに北関東生まれで、20代前半に見合い結婚をしている。

「1歳とか2歳とか物心がついたときから、母親に虐待されていたのね。最近は虐待、虐待ってニュースでやっていて、先生がちょっと生徒を殴っただけで虐待ってなっているけど、たぶん私がされていたのは本当の虐待。母親はヒステリックとかを超えてちょっとおかしい人で、一日も欠かすことなく殴られていました。覚えている虐待のいちばん昔の記憶が1歳とか2歳というだけで、もっと前からされていたかもしれないけど」

あかねさんの子ども時代は、母親に暴力を振るわれている記憶しかない。家にいると、突然母親が怒鳴りだし、気が済むまで殴られる。理由はご飯を残したとか玄関の靴が曲がっていた、ゴミが落ちていた、お父さんが帰ってこないなど、あかねさんが理解できない適当なことだった。

「家にいると何時間かに一度は母親に怒鳴られて殴られるから、本当に怖いですよ。毎日のことだから痛さには慣れるけど、全然感覚は麻痺しちゃうけど、いったいどこで怒鳴りだして殴られるかわからないから怖いんですよ。だから覚えているかぎり、実家にいる間は全身傷だらけでした」

弟は両親にかわいがられ、溺愛だったという。北関東で女性を取材すると、ほぼ全員が口にする「長男信仰」である。長男だけが両親や親戚からかわいがられ、長女や次女は扱いが違うという男尊女卑である。あかねさんの実家は長男信仰、男尊女卑の方針を徹底していた。

「家族で一緒にご飯を食べにいっても、私のはないんですよ。たまにレストランとか連れていかれるけど、３人で美味しそうに食べてて、私は見ているだけ。でも、私も弟も生まれたときからそんな感じだから、変とは思っていなかった。殴られるとか、自分だけ食べさせてもらえないとかは、子どもの頃からだから慣れっこだけど、最後は母親に刺されました」

理不尽に暴力を振るわれる身体的虐待は、最終的に出刃包丁で刺すまで発展したという。いったいなにがあったのだろうか。

「傷痕はうっすらとしか残っていないけど、お腹の横を包丁で刺されたんですよ。『お前は死ね！　お前は死ね！　お前は死ね！』って鬼のような目をして叫んでいました。本当に怖いよ。だからこんな話をしたくないんです。子どもの頃からずっと殴られているわけだから、なにをされてもなんとも思わないよ。ただ、毎日が絶望的で怖いってだけ。今日は痛かったとか軽かったとかあまり怖くなかったとか、感情みたいなものはそんな程度だよ。そういう人が親なんだし、そういう環境に生まれてきちゃったんだから、どうしようもない。それだけのことだよ」

刺されたと言ったあたりから、時折、心からうんざりという歪《ゆが》んだ表情になる。母親に殺意をもって殺されそうになった過去を思い出して、語りながら悪寒が走っているように見えた。

実父に犯され続けた2年間

「虐待……虐待ね。別に殴られたとか痛かったとか、そんなことはどうでもいいんだよ。もう昔のことだから。今は痛くないし、だからどうでもいいってこと」

あかねさんはライターの火をつけたり、消したり、箸を持ったり、置いたりを繰り返している。くすぐったそうな動きをして、なにか言おうとする。

「うん……まあ、昔のことだね。中学2年のときかな、ヤラれました。えぇ、実の父親に」

ためらってから、諦めたようにそんな言葉を吐き出した。

「本当の父親なのかな?」

「……実の父親です」

「中学2年ってことは処女だよね」

「えぇ」

実の父親による性的虐待の話がはじまった。父親が26歳のときに、あかねさんが生まれている。現在、父親は73歳になる。また団塊の世代である。父親は、大企業の支社に勤めるホワイトカラーだった。

「春休みだったかな。深夜だね。狭い家じゃなかったから自分の部屋はあった。で、父親が突然布団の中に入ってきたんです。夢かなと思ったけど、すぐに父親だってわかった。寝間着のズボンとパンツを一気に脱がされた。裾を押さえて抵抗したけど、どうにもならなかった。なにをされるのかわからなくてパニック状態だったけど、父親のすごく勃起したアレを見たとき、なにをしに来たのかわかりましたよ。とにかく怖くて叫び声をあげたい。だけど、隣の部屋には弟が寝ているし、母親に知られたら大騒ぎになる。私がなにをされるかわからない。息ができないくらい怖くて、もう震えるだけだった。父親は抵抗できないように私の胸を押さえて、ガッて脚を開かれて挿れられた。怖くて怖くて……怖くて怖くて……なにがなんだかわからなかったよ。目を開けたら汗まみれになって変な声を出している父親がいて、痛いのと怖いのをとにかく我慢するしかなかった。なにも言わないで腰を振って、出したら部屋から出ていったよ」

父親は誰が見ても、あかねさんにそっくりだという。

「このときは汚れてしまったことに悩んだよ。もう、人生終わったって。クラスに好きな男の子がいたけど、一緒に帰ったりしていたけど、その日から目を合わせることができなくなって、もう一生自分は恋愛できないカラダになってしまったって。子どもが生まれたらどうしようとか、一日中そのことで頭がいっぱいになってね。悩むのが嫌になって死のうと思っても、そんな勇気なかったし」

一度だけじゃない。それから父親は週2回、3回と布団に入ってくるようになった。時間は深夜2時とか3時。眠っている時間にやって来て、布団を剥いで下半身だけ脱がして挿れてくる。

いつも、絶対にアレは勃っていた。無理やり挿れてきて出して部屋に戻る。『お母さんに言ったらどうなるかわかるよな?』と言って母親のいる寝室に戻る。深夜にトイレに行くふりをして、あかねさんの部屋に侵入して強姦する。そんなことを続けた。

「中学卒業して逃げ出すまでずっと続いたから、何回? 100回とか。眠るまでの時間は母親に殴られて、眠ってからは父親に怯え続けていた。日が沈んで夜になると怖くなって眠れない。今日は来ないってホッとして眠ると、やってくる。黒い影が来て、すごく怖くて、虐待は痛いだけだけど、痛いことは慣れるけど、レイプは慣れない。本当にゾッとするくらい嫌で嫌で嫌で嫌で、夜がくるのがすごく怖くて、生きた心地がしなかった。

だからソープランドで働いて借金を返すくらい、なんでもないこと。お客が来て、毎日毎日セックスしているけど、ゴムずれでアソコが痛くなったりする程度だし、乱暴な人はいてもちょっと嫌な思いして疲れるくらいだから」

父親に強姦されて処女を奪われた日から、あかねさんは自分を人並みではない汚れた女だと思っている。汚れたものはいくら汚しても変わらない、たぶんそういうことだ。

「母親が私を刺して殺そうとしたのは、たぶんそのことが原因。2年間、同じ屋根の下でずっと犯され続けたから気づいたんだろうね。母親には徹底的に虐待されていたし、人間扱いされていなかったけど、心の底では助けてほしかったよ。父親に犯されたとき、お母さん助けてって思ったもん。だけど、お前は死ねって刺されちゃった。

お腹がすごく熱くて、痛くて、『死ね！』て言われた。母親に刺されたとき、本当に自分にはなにもないんだってことを理解した。つらかった……」

両親から逃げ、ニューヨークで売春婦に

母親に刺されたのは、中学3年のときだった。あかねさんは実家と北関東から逃げ出すことを決意している。

「このままだと父親と母親に殺されるって本当に怖くなった。高校進学も、女のお

前に出す金はないみたいな感じだった。だから、高校受験もしなかった。させてもらえなかった。だから、逃げ出すことにしたの」

中学の卒業式の日、親の郵便局の預金40万円を引き出して盗んだ。夜中に家を抜け出して、始発の電車に乗って成田空港に行った。

「ニューヨークに逃げた。なにか夢があったとかじゃなくて、ただただ親が絶対見つけ出せないような外国に逃げたかっただけ。父親も母親も世間体を気にする人で、高校には行かせないなんて言っていた割には、学校の成績が悪いのは許されなかった。成績が悪いと死ぬほど殴られるから、薄々と英語の勉強をしながら外国に逃げたいって思っていて実行した。飛行機が空を飛んだときはうれしかった。やっと逃げられたって」

あかねさんはそう言いながら外国語を話した。なにか英語を話して、次はフランス語ねと日本語で言って、流暢にフランス語を話していた。

「親から盗んだお金だけじゃ、何日も暮らせないから仕事しなきゃならない。当時アメリカはすごく不景気だった。日本と同じで15歳の子どもが働ける場所なんてなくて、カラダを売ることにした。セックス経験は、父親しかないわけだから、エッチに夢とか希望なんてない。すぐにできたよ。

売春街みたいなところがあるんだけど、19歳とか適当なことを言ったら働かせてもらえた。ストリートガールっていうの、外に立って客をとる立ちんぼみたいな感じ。毎晩、誰かしらに買われて、モーテルみたいなところに客と泊まっていた。つらいことはなにもなかった。怖くないし、優しいし、エッチするだけでいい。ラク。日本円で一晩5万円くらいもらっていたし、生活には全然困らなかった」

カラダを売れば生きていけるとわかった。9月から高校、ハイスクールに通うことにした。売春のお客だった中小企業を経営している黒人男性に気に入られ、「売春をやめて、俺の愛人になれ」と言われた。その男性は定期的に肉体関係になるだけで生活の面倒をみてくれた。最終的に高校だけでなく、州立大学まで卒業している。

8年間、アメリカで過ごして帰国した。そして、アメリカで知り合った日本人男性と入籍している。

「日本で病院に勤めたけど、ある日、母親から電話がきた。会いたくなかったけど、十数年ぶりに会った。なんの用かなと思ったけど、やっぱりろくでもない話だったよ。元気、久しぶりみたいな言葉は一言もなくて、カネ出せって。貯金くらいあるでしょって。借金があって首が回らないから、あんたが全部払ってくれって。断れないよ。絶対に断れない。ずっと殴られてきたし、口答えなんかしたらたぶん殺される。親には絶対になにも言えない。だから、病院は辞めた。1500万円なんて病院勤めの給料じゃ返せないから、それでソープ嬢になったんだよね」

なにも知らない夫は、妻は病院に勤めていると思っている。この日、あかねさんの話はそこで終わった。

「生まれ変わったら、普通のお父さんとお母さんが欲しい」

あかねさんとは、たまにメールのやり取りをしていた。相変わらず家と風俗店の往復だけの日常を送っていた。メールがくるのは、昼間の勤務中だった。おそらく風俗勤めを知っている知り合いが少ないからだろうが、乱暴でむかつく客が来たとき、鬱憤を晴らすような文章が送られてきた。

〈件名　RE
なにかが迫ってくる恐怖心で…つらいんです〉
〈件名　RE：RE：
とにかく息苦しいのと怖いのとで大変なんです〉
〈件名　RE：RE：RE：RE：
迷惑かけてしまうといけないのでしばらく大人しくしています。どうしてものときは助けてください〉
〈件名　RE：RE：RE：RE：RE：
死んじゃうのもいいかななんて思っています。〉

心配になってソープランドに行ってみると、顔色の悪いあかねさんがいた。
「精神病になっちゃったかも。今までそんなことなかったけど、なにもしたくなくて一日中家にこもっていたり。誰ともしゃべりたくないし、満員電車に乗れなくなったり、なんか変。もしかしたら、パニック障害になっちゃったかもしれないよ。息苦しくなって一駅、二駅で降りないと、ここまで来れないの。おかしいよね。狂っちゃったかも」

狂っちゃったかもと言いながら、呆れたように笑っていた。孤独に生きる彼女は自分に降りかかった災難や困難を抱え込むタイプである。顔色が悪く、挙動に落ち着きがない。なにか嫌な予感がした。

「実はですね。1週間くらい前、うちに父親が来たんですよ」

中学生時代、性的虐待を受け続けた実の父親である。父親は特急で2時間かかる、ある地方都市に住んでいるはずだ。父親……まさか、と思った。

「………また、やられました」

目をそらして、小さな声で言う。父親という言葉を出した瞬間、さらに挙動がおかしくなり、過呼吸になったように息苦しそうに胸を押さえて天井を見ていた。再び、狂気が幕を開けてしまったようだ。

10日前の13時。自宅のチャイムが鳴ったので玄関を開けると、父親が立っていた。玄関口で「お金を貸してくれ」と言った。「あなたたちの借金を背負わされて大変な思いをしている、貸すようなお金はありません」。勇気を振り絞って拒絶して、玄関から追い返そうとすると父親は怒鳴りだした。

「あるんだろう、カネあるんだろう。お前は親になんて口をきくんだ、カネあるんだろう！」。怒鳴り声は廊下中に響き渡り、仕方なく部屋の中に入れると、怒鳴り声は収まった。

「お金はありません」。もう一度、強い口調で断ると、父親は暴れだした。テーブルをひっくり返し、灰皿を壁に投げた。彼女を壁際に追いつめて平手で殴り倒し、洋服を引きちぎって、押さえつけてズボンをおろした。父親は勃起していた。十数年ぶりの強姦。下半身を丸裸にさせられ、「お前とまたやりたかった」と耳元で囁いた。強引にあかねさんの股を広げて挿入した。

「途中から記憶を失っているの。嫌すぎて、気持ち悪すぎて。しばらくして目が覚めたけど、父親はいなかった。裸で胸のまわりが精液だらけで、まただって。気持ち悪い。本当に気持ち悪い。信じられないけど、信じるしかなくて、頭がおかしくなりました。夫が帰ってきてもわからないように片づけて、何時間もシャワーを浴びた。いくら洗い流しても気持ち悪かった。

途中で『お金、お金』って言っていたことで思い出した。まさかって思ったけど、やっぱり私の部屋が荒らされて、通帳とカードとハンコがなくなっていた。慌ててネット口座を見たらゼロだったよ。ここで出てすぐに銀行に行ったんだろうね。お金は全部取られちゃった。1000万円くらいあったんだけど」

北関東から東京まで追ってきて、実の娘に強姦と強盗をする父親の話を聞いて背筋が凍った。あかねさんのダメージも尋常ではなく、普通に生活ができないような状態だった。タクシーで帰るというので見送った。

「生まれ変わったら、普通のお父さんとお母さんが欲しいかな。今、なにか一つ望むとすれば、神様がくれるとすれば、ただ一つそれだけ」

最初に会ったときに言っていた、その言葉が筆者の脳裏で虚しく響いた。

第二章　「不倫」が家族を狂わせる

「家族が毒なだけでなくて、地域も毒、全員許さない」

再び新宿歌舞伎町の老舗喫茶店に戻ると、青森県出身の沙紀さん(仮名、33歳)が待っていた。耳、唇、頬にピアスをしている。ピアッシングは自傷行為の一種とされている。沙紀さんは複数の精神疾患を抱えて、現在も生きづらい生活を送っている。事前にメールでそう伝えられている。

「今は普通の家庭で育ったサラリーマンの夫と暮らしていて、幸せではあるんじゃないかなと思っています。でも、幸せって概念がよくわからない」

沙紀さんは、人を寄せつけないオーラを放っていた。毒親やイジメ加害者への念がこもった恨みのような感情は、語りを聞く前から伝わってくる。結婚したのは6年前。精神疾患で不安定な状態なので一般的な仕事ができず働いていない。

「パニック障害と摂食障害、自律神経失調症、あと不眠症。人の話がわからないとか、突然電車の中でパニックを起こすとか。一歩も動けない日があるとか、そういう症状です。いきなり倒れるとかもよくある。すべて家族を含む、青森県が原因です。実家はB市、本当にひどい地域。実家の住所と家族の本名をさらしたいくらい。

家族が毒なだけでなくて、地域も毒、全員許さないって意識はどうしても消えません」

沙紀さんは、やはり怒り心頭だった。

スマホでB市を検索してみる。特殊な形状の青森県の北側にある。市のホームページは「笑顔」や「希望」という言葉が並ぶポエム的な文章を掲げている。人口5万人、主な産業は漁業。沙紀さんは18歳までB市で暮らし、高校を中退して実家から離れて上京している。

「メンタルがおかしいと自覚したのは、中学生のとき。まず、心臓が過剰にドクドクするようになって、それがいつまでも治らない。皮膚もおかしくなって日にあたると痒くなる。家族には怠惰で、外に出ないからだとか言われた。けど、精神科に行ったら母親が呼び出されて、『娘さんの病気はあなたが原因だ』と言われていた。けど、母親は『医者の言っている意味がわからない。やぶ医者』だと」

育った実家の家族構成は母方の祖父母に両親、そして沙紀さんがいた。

祖父が家族の頂点にいる家父長制が色濃く残る家庭で、祖母は祖父に怒鳴られながら一日中家事労働をさせられて背骨が曲がっていた。沙紀さんの母親は偉そうな祖父が嫌いで、いつもイライラしていた。父親（婿養子）は自衛隊に勤める優しい人だったという。だが、母親のわがままでヒステリックな性格と、祖父母の婿イジメによって、沙紀さんが3歳のときに両親は離婚。父親は家を出ている。

母親の不倫相手による性的悪戯

「母親は離婚前から不倫していた。男がいないと生きていけなくて、癖みたいに不倫する。相手は30歳くらい年上の地元の名士というか町医者で、地元では有名な人。母親は私が3歳から10歳くらいまで、そのお医者さんと不倫していた。

相手のお医者さんには奥さんも娘もいて、娘は私と同級生。友だちじゃないけど、よく知っている人だった。離婚してすぐに母親はそのお医者さんの提案で、私を連れて家を出た。実家から車で15分くらいのところに家を借りて、母親と2人でそこで暮らすようになった。毎日、お医者さんは家にやってきて、自分の家族に怪しまれないくらいの頻度で母親と時間を過ごして自分の家に帰っていく」

母親は30歳ほど年上の医者のことが好きだった。年齢差から男性として好きだったわけでなく、沙紀さんによれば「医者という権威とか、お金に惹かれたのでは」と言う。母親はいつもデレデレしていた。ヒステリックだった性格も収まって、男好きする年齢不相応なかわいい女の子を演じていた。

「私が幼稚園生くらいのときだった。最初はわからなかったけど、私、そのお医者さんに性的な悪戯をされるようになりました。一緒にお風呂に入らされて、いろいろされる。一緒にお風呂に入るのは必ず母親がいないときで、お医者さんはやたらと私に優しくしてくる。自分の経験が性的虐待だと自覚したのは、それから何年も経ってから」

母親と医者は半同棲状態となった。半同棲状態になる前に3人でディズニーランドや札幌に旅行した。医者はいつも優しく、おもちゃを買ってくれた。入手困難だったたまごっちも、医者に買ってもらっている。

「お医者さんが、私たちの生活のメインになっていきました。母親は、お医者さんがいないと不機嫌になる。彼氏がいないとイライラして態度が変わる。いまどきの女子高生みたいな感じ。『カレピがいない』、みたいな。普通の借家だったけど、私の部屋もあったし、狭くはなかった。ただ、私に対する性的悪戯だけでなく、母親とお医者さんが頻繁にセックスするのも嫌だった」

沙紀さんはノートに当時住んでいた家の間取りを書きだした。一般的な2LDKで寝室に「SEX」という文字を刻む。

「えーと、ここでお医者さんと母親がセックスします。私は寝室に入ってはいけなくて、セックスするときは、母親がテレビの音量を全開にする。声が聞こえないようにね。ラブホはあったけど、田舎はみんな自宅でやる。寝室に鍵がなかったからつっかえ棒みたいなので扉が開かないようにして、私は音量全開でテレビを観せられていた。その行為については、なんとも思っていません。声は聞こえてこないけど、なんかツヤツヤして出てくるし、今日はなんか機嫌いいな、みたいな感じでした」

医者は60歳を越えていたが、性欲は強かったという。母親は30歳前後だったので圧倒的に若く、年の差不倫カップルは3歳の沙紀さんを気にすることなく、日々ヤりまくった。医者はさらに幼女や少女も好きだった。母親の目を盗んでは、沙紀さんと一緒にお風呂に入りたがった。

「一緒にお風呂に入って体を洗ってもらったことからはじまって、次は男性器を『触ってごらん』とか。なんかヒトデを触るみたいな感じ。そうすると、ガッチガチになる。ガッチガチでした。それで『皮を剥いてごらん』ってなって、それをホッペにくっつけてとか。バスタブでは後ろから抱きしめられて、いろんなところを触られた」

行為をされながら、うっすらと、よくないことをしている、お母さんが悲しむことをされていることは理解した。だが、一緒の入浴を断ることも、性的行為をやめてほしいとも言えなかった。

「今思えば、お医者さんはペドフィリア（小児性愛者）。変態です。それを理解して母親が私を差し出したとは思ってないけど、私をだしにしてお医者さんの気を引こうとしたことは確か。私が黙って我慢すれば、母親は幸せになれる。だから、私は余計なことを言わないで黙る、みたいな意識でした。板挟み状態です」

母親の不倫相手の娘と同級生に

Ｂ市の冬は過酷だ。気温は氷点下になり、積雪量も多い。冬になると自然と外出をしなくなり、自宅で過ごす。小学生になってから医者の自宅訪問はさらに増えた。母親とのセックスも増えた。沙紀さんは、母親と医者が窓の外が雪景色の時期にセックスをしまくっていたことを覚えている。

「やっぱり、お医者さんにベッドで性器を舐められてから、本格的におかしいと思いました。おしっこが出るところを舐めるのは変、みたいな。お医者さんは夜、母親がいないときに私の部屋にきて、おやすみペロペロ、おやすみペロペロみたいな感じで性的な行為をしてくる。それとか母親とセックスしてる最中に、バスタオル一枚の半裸で私の部屋にきて、強引に私の下半身を脱がせてアソコを舐めてから、母親のいる寝室に戻るとか。わからないけど、子どもの性器を舐めて、興奮を高めてまたヤルみたいな感じじゃないですか。この人はおかしいなと思いました」

前述したように、医者は母親と30歳くらい離れているが、医者の娘は沙紀さんと同じ年齢だった。のちに同じ中学校に進学して、２年生のときに同じクラスになったことがある。

お金持ちのお嬢様はクラスの中心的な存在だった。医者の娘であること、良家であること、将来は留学したいことなどをよく自慢していた。沙紀さんは娘の自慢話が聞こえるたびに、教室の片隅で幼い頃に執拗にクンニリングスをされた性的虐待を思い出していた。

「もちろん、その娘は嫌い。父親と顔がそっくりで、あの血が流れている。先生も、クラスメートも、その娘をチヤホヤしてたけど、私はその娘の父親に何度もアソコを舐められているわけです。

小学3年生のとき、お医者さんは母親に飽きたのか、私に飽きたのか、家に来なくなって、借家は解約して実家に戻った」

実家に戻って祖父と祖母、母親との生活がはじまった。

祖父は年金生活者で、いつも偉そうに祖母に家事をさせながら、一日中テレビを観ていた。『笑点』と演歌番組と巨人戦が好きで、巨人が負けるなど、気にくわないことがあると怒鳴り散らす。母親は祖父のことが嫌いで、陰で「ジジイ、死ねよ」

姿に戻った。

と罵ることが口癖だった。医者と別れて実家に帰ってから、いつも機嫌が悪い元の姿に戻った。

大切な物を笑って捨てる祖父母と母親

「祖父母と母からは暴言的なものとか、暴力的なものとか日常だったけど、まだ家族がすべて正しいと思っていました。この頃は洗脳状態で、祖父は偉い人だと思っていた。家では祖父の言うことは絶対で、どんなにお腹がいっぱいでも食べろとか言う。俺に呼び出されたら走って駆けつけろとか、男を立てろ、女は一歩引けとか、俺の言う通りにチャンネルを回せとか、演歌は素晴らしいとか、そんなことが全部正しいと思っていた。祖父母を含めた家族や、これまでに自分の身に振りかかった経験が明らかに異常だと完全に理解したのは、中学生になってからでした」

沙紀さんが中学生のとき、母親は中学時代の同級生と付き合うようになって、家にあまり帰ってこなくなった。たまに帰ってきては沙紀さんにヒステリックに怒鳴ったりする。

「中学校ではイジメられました。だから、中学校から私の人生が大きく変わった。学校でイジメられて、祖父母や母親にネチネチと嫌がらせをされ、本当に生きづらくなった。成績が悪かったりすると、祖父母と母親に自分の大切な物を捨てられる。雑誌とかぬいぐるみとかからはじまって、お父さんが買ってくれたもの、お父さんとの思い出の品物をだんだん捨てられるようになった。

デジモン（デジタルモンスター・電子ゲーム）が好きだった。デジモンをうるさいって捨てられた。あと、ダンスダンスレボリューションって流行ったじゃないですか。そのソフトとマットも全部捨てられた。あとポケットステーション（携帯型ゲーム機）も捨てられた。お父さんがクリスマスとか誕生日に郵送してくれたものなのに捨てられた。私が口答えできないとわかっているから、狙って捨てる。その恨みみたいな感情は今でも残っています。とくにお父さんが送ってくれたデジモンのゲームとカードは、本当に宝物だった。捨てられて、大切な物を守れなかった自分に絶望しました」

沙紀さんは、大切な物を笑いながら捨てた祖父母と母親を本気で恨むようになっ

たという

「学校でのイジメは無視ですね。みんな楽しそうなのに、私だけ存在がないみたいな。成績が悪くて地味だった。それと体型にコンプレックスがあって、お尻がでかいんですけど、それも言われた。髪を切るお金もなくて、髪がボサボサでそのことを言われたりとか。中学には、もう本当に行きたくなかった。だから、引きこもりました」

無視に加え、デカジリ、ブス、キモイと罵るようなイジメだったという。クラスメートに会いたくないだけでなく、祖父母や母親にも会いたくない。

家から出ないのではなく、部屋から出なくなった。沙紀さんは中学1年生の9月から、トイレと自分の部屋だけで生活するようになる。

「死のう死のう、死のう死のう死のう、死のう死のう」

「祖父母も、もちろん毒。ずっと家にいるし、偉そうにしている。精神疾患はこの引きこもっているときに発症したと思う。祖父の下手な鼻歌の演歌とか聴いていたら、本当に心から嫌になって自殺未遂したこともあった。最初はブロンを飲んだ。ひたすら同じビデオテープを観ながら、死のう死のう、死のう死のう、死のう死のうと思って、たくさんの錠剤を一気に飲んだ。それを何度もやった。それで摂食障害もはじまって75キロあった体重が48キロまで減った。薬を飲みまくっても死ねなくて、体重だけがひたすら減った。ずっと体調は悪かった」

中学2年生になって、祖父に部屋から引きずり出された。そして引きずるようにして登校させられた。祖父は先生に「バカな孫の根性を叩き直してくれ」と言って沙紀さんを教室に押し込んだ。

「本当に体調が悪くて、学校なんて行ける状態じゃなかったけど、祖父にパニック障害なんて言ってもわからない。家族たちからの圧迫は凄まじくて、本当に最悪でした。先生たちが『こうしたほうがいい』『ああしたほうがいい』『あなたの味方』とか、いろいろ言っていた。偽善というか、なにもわかってなくて気持ち悪かった。誰も全然助けてくれない、誰かに助けてほしかった。でも、誰も助けてくれなかった」

担任になった先生はイジメを訴えても、「それはみんなアナタのことが好きだから。みんな友だち。だから、イジメなんて言葉を使っちゃダメ」と言った。

「すぐにまた引きこもって、オーバードーズを頻繁にやるようになった。リスカもしたし、とにかく病んだ。家族も私にうんざりしだして、ひたすら圧をかけてくる。助けてくれるんじゃなくて、まともになれって圧。子どもの頃の性的虐待のフラッシュバックみたいなことも起こって、本当に視界に映るなにもかもが最悪だと思った」

沙紀さんは引きこもっているとき、自分はアートや芸術が好きなんだと思ったという。中学3年生のとき、母親に「芸術系の高校に行きたい。それなら登校できるかも」と伝えた。破滅的な生活から抜け出す、自分なりの解決策だった。母親は「お前は頭が悪いし、全部無理。定時制に行け」と却下された。

「定時制高校に入った頃、母親はモトヒサとかいう男と再婚した。実家を出てモトヒサの家で暮らすようになった。モトヒサは田舎のボンボンのマザコン、キレやすいヤツで、田舎の大家族で育った人間。田舎の大家族は、子どもが人間扱いされない本当に毒。私はモトヒサと話さないし、母親のこともどうでもよかったので再婚のことは気にしてなかったけど、しばらくしたら妹が生まれた。妹が生まれた頃、モトヒサは会社を解雇になってパチンカスになったんだよね」

地域は男尊女卑と家父長制に染まっている。モトヒサは家では母親に威張り散らし、ふんぞり返って偉そうにしている。その姿が祖父と重なった。

「主導権をこのモトヒサという男が握っていた。まあ、祖父と一緒ですね。家族はモトヒサの機嫌を損ねないように、みんなが気を使って立ち回るみたいな感じ。実家が農家のマザコンなので、家に勝手に畑ができていて、私が耕すように命令されたりした。ピアスもこの頃から開けるようになって、モトヒサにも祖父にも気持ち悪い女だって嫌味を言われた。その生活は3年で終わった。母親は離婚して実家に戻った。破綻は早かった」

高校を2年で中退し上京

沙紀さんは高校2年生の終業式に退学届を出して中退した。祖父母も母親も、ピアスがどんどん増える沙紀さんのことは諦めていた。アルバイトをしてお金を貯めて、1年後に60万円が貯まったので上京した。祖父母にも、母親にも、なにも言わないで家を出た。

「東京に来てからは飲食やったり、派遣をやったり、賃金が安いのでそれなりに大変だった。家賃4万円のアパートで貧困女子みたいな生活だったけど、青森にいるより幸せだった。東京に来てからおじいちゃんと母親から頻繁に連絡がきて、出稼ぎしているんだったら実家にカネを入れろって。カネ、カネ、カネって言いだした。寄生虫みたいな連中。苦しい、厳しいって話しても、東京で働いているんだからカネあるだろうって通じない。カネ入れろ、カネ入れろって、そんな話ばかり。本当に毒だと思ったし、家族のことは心から嫌いだし、軽蔑しています。最悪、最低な人たち」

21歳のとき、東日本大震災が起こった。母親から連絡がきて3年ぶりにB市に帰った。肌寒い曇り空、老朽化した住宅、生気《せいき》のない通行人、なにもかもが最悪だと思った。そして、久しぶりに帰省した3日目、自宅近くの森林沿いの直線道路で男に強姦された。

「男に突然、後ろから抱きつかれた。びっくりして友だちかなって思ったけど、知らない男だった。がっつりお尻を触られて、振り向いたらフードを被った黒ずくめの男だった。草むらに引っ張っていかれて強姦された」

ボロボロな状態で、自宅に帰った。携帯電話で警察に通報すると、警官はすぐに自宅にやってきた。

「警官はどういう状況だったか、どんな被害を受けたのか聞く。レイプされたばかりだから、センシティブな話じゃないですか。だから女性警官が取り調べをする。そこに祖父がいるんですよ。女性の警官は『申し訳ありませんけど、あの、おじいちゃんは立ち会えません』って言うわけです。すると『なんで俺が聞いちゃいけねえんだよ、女のくせに俺に命令するのか!』って暴れだした。それで男の警官が止めに入ってメチャクチャだった。私も被害の直後だから涙が出てきてうんざりした。ただの興味本位、やじ馬ですよ。祖父は被害に遭った私を心配するわけではなく、『そんな服を着ているお前が悪い!』って怒鳴っていた。近隣ではレイプされた私のほうが悪いって噂が広まって、本当に心から地元を憎んだ」

それ以来、B市には帰っていない。数年後に優しい男性と知り合って入籍したが、その報告もしていない。今でも、たまに母親から電話があるが、「カネを入れろ」という話以外、聞いた記憶がない。

「家族だけじゃなくて、近隣住民すら憎いというのは、レイプ事件のあとの私に対するひどい扱いが決定的な理由です。全員殺したいし、B市は当然、青森県は全部がなくなっていいと思う。罪に問われないならば、祖父と母親はメッタ刺しにしたい。祖母はなんでもいいけど、死ぬだけでいいです。今、中学生の妹は殺さなくてもいいけど、吹奏楽部を楽しんでいるみたいなので指を切断するくらいでいいです。それくらい憎い」

話は終わった。取材翌日、沙紀さんに「記事にするときに地名はどうしましょうか。どこまで伏せればいいでしょうか」と問い合わせている。「全部、なにもかも出してください。実家の住所と家族の名前もお送りしましょうか」と返信がきた。

沙紀さんは家族との決別、故郷との断絶、なにもかもを断ち切ることを望んでいるようだった。

父親の愛人が家に住み着いて家庭崩壊

19時、老舗喫茶店にメンヘラ地下アイドル白玉あもさん（40歳）がやってきた。彼女はアダルトチルドレンである。

あもさんは宝島社の新書「貧困女子シリーズ」の常連で、筆者の前著『歌舞伎町と貧困女子』では歌舞伎町が純粋培養したサイコパス男に財産と肉体を奪われて貧困化したこと、経営していたコンカフェで中年童貞の群れを操る姿を取材している。あもさんは先日まで精神科の隔離病棟に入院しており、その精神疾患の原因を探ると、若い女が好きな父親とパチンコ狂いの母親という毒親の存在にたどり着いた。

あもさんの出身は北海道C市。家族構成は、市の中心街で美容室を経営する父親（72歳）と専業主婦の母親（67歳）、札幌に逃げた長男（51歳）、不慮の死を遂げた長女（享年27。あもさんより10歳年上）、末っ子のあもさん。故郷を見かぎって上京してからもう22年が経つが、現在母親とは絶縁状態で、長男とはたまに電話で話す関係だという。

北海道C市は人口2万7000人の厳寒な極東の小さな町だ。真冬はロシアのアムール川から南下してくる流氷に海が覆われる。産業は漁業と酪農が主で、天候は海霧でどんよりと暗い。

C市と聞いて思い浮かぶのは、フジテレビのドラマ『北の国から』だ。看護師になった蛍が妻子持ちの医師と不倫して、富良野から消えてC市に駆け落ちしている。海沿いにある老朽化した落石診療所で、不倫関係の医師と同棲して最終的に望まない妊娠をしてしまう。蛍と家族にとってC市は、絶望の黒歴史として刻まれている。『北の国から』は過疎と毒親の絶望的な物語である。美しい大自然のなかで育まれた親子愛を視聴者は美談のように語りがちだが、子どもたちの可能性を潰し続けた無職で貧困の五郎は明らかに毒親だ。極寒の過疎の富良野で生きることにこだわり、子どもの人生を巻き込みながら極めて狭い人間関係で貧困を受け入れながら生きる。極寒で貧しく、不幸なその姿を冷静に眺めれば、どのシーンを切り取っても耐え難い地獄のように映る。地下アイドルのあもさんは、そんな海霧に覆われた極寒の北海道C市で育った。

「当時、パパは美容室をC市の駅前でやっていた。流行っていた。お客さんは常にいたし。両親は中学の同級生かなんかで恋愛結婚。私がちっちゃい頃は旅行に行ったり、お誕生会をやってもらった記憶もあって、そこそこ平和だった。でも、平和だったのは幼稚園ぐらいまで。まず、姉が高校生になってから夜遊びするようになった。パパも街に出て遊び歩くようになった。パパは帰ってこない姉を怒る。その怒り方が異様だった。折檻です。家族全員を正座させて、その前でなんか姉をひたすら殴る。皮グローブみたいなのをつけて殴っていた。あと姉は髪の毛も切られていた。染めていた髪をハサミで切られる。姉は泣き叫んでいた。私はなんだかわかんないし、とりあえず見るしかない。かわいそうとか怖いって感情はあった。パパを怒らせると、怖ろしいことになるって思った」

あもさんの姉は高校を卒業して、家を出て札幌に行った。美容師の専門学校に進学したが、すぐに風俗嬢になってしまった。姉は風俗情報誌に頻繁に掲載され、母親はコンビニで風俗情報誌を買っては、嘆きながら姉の姿を探していた。

そして、あもさんが小学4年生の頃から、父親は自宅に若い女を連れ込むようになった。そこから家族の崩壊がはじまる。

「ママは専業主婦、パパのお金で生きていた。それまでは姉がグレた程度の、まだ普通の家庭だったけど、兄と姉が札幌に行って、子どもが私一人になってからパパは愛人を家に連れ込むようになった。当時、パパは40代前半で、愛人は22歳。シングルマザーだった。自宅は家とお店が一緒だったけど、愛人は家の中まで普通に入ってくる。そこから、いろいろおかしくなった」

あもさんが小学校から帰ってくると、自宅の慣れ親しんだリビングで22歳の愛人がテレビを観ている。その横で愛人の子どもが遊んでいる。しばらくすると、母親が帰ってくる。それでも愛人は気にすることなくテレビを観ている。

「愛人とその子どもは、普通に家にいる。ママは専業主婦だったけど、ママ友との付き合いがあったから、外に居場所があった。夜になると帰ってくる。帰ると自宅のリビングに若い愛人がいるから、あれ？ってなるじゃないですか。ママはパパと愛人になにも言えずに、無言のなかピリピリした状態になる。私は状況がわからないから部屋にこもる、みたいな感じが続いた」

連れ子は3歳くらい。自分の家のように楽しそうに遊んでいる。これまで家族で暮らしていた家が、愛人と連れ子にどんどん占領されていった。

「愛人親子は普通に生活して、ご飯とかも勝手につくってパパと食べている。愛人は最初、私を味方につけようみたいな態度だったけど、さすがに仲良くなれない。愛人に『ご飯できてるよ』みたいに言われても、私も食べていいかわかんないし、ママもどうしていいかわからない。この頃のママは嫌な人じゃなかったから、普通にママに対しての同情みたいなのもあったし」

すごい勢いで家庭が崩壊して、あもさんは精神的にストレスを抱えるようになった。現在はメンヘラアイドルを自称して、頻繁に精神科に入院する危うい健康状態が続いているが、精神疾患は家庭崩壊した小学4年生からはじまっている。

親権を押しつけ合った両親

家庭が崩壊して、あもさんはおかしくなった。

「その女が来たときは、もう兄は家にいなくて、姉も家を出ていた。そこから家庭の崩壊がどんどん進んだ。崩壊に比例して、私もおかしくなった。私のメンヘラはそこから。その頃から、私も小学校で発狂するようになった。教室で発狂してました」

ぎゃー――――。

うぎゃー――――。

うぉぉぉぉぉぉぉ。

あもさんは授業中に突然叫んでしまうようになった。しかも、何度も。抑えられなかった。授業中に、ふと家でくつろいでいる愛人やその子ども、怒りで顔面蒼白な母親のことが思い浮かんだりする。すると、感情が抑えられなくなる。無意識に絶叫してしまう。

先生は慌てて、叫ぶあもさんを保健室に連れて行く。教室は騒然となる。クラスメートから「あいつおかしい」「どうかしている」みたいな声も聞こえてきた。この頃から、自分で自分を抑制することができなくなった。

「たぶん家でのストレスが原因。居場所がなくなって、どうしていいかわかんなくて自分の部屋にずっといた。教室で勉強していると、なんか急にスイッチが入る。

自分でもわからないけど、叫んじゃう。よく保健室に連れて行かれた。家でものすごく嫌なことが起きていることに耐えられなかった。パパともママとも会話ができなかった。だから何度も叫んじゃった」

家庭が崩壊して、家に居場所がなくなった。嫌なことしかないなかで、最も精神的なダメージが大きかったのは、かわいがっていたうさぎを愛人の連れ子が触ることだった。

「連れ子がうさぎを触っているのが本当に嫌だった。でも、触らないでとも言えない。学校ではいくら注意されても叫んじゃうから、親が先生に呼ばれた。ママが迎えにきて、『どうして叫ぶの？』みたいな。愛人と連れ子のことは嫌いだった。勝手に家に入ってくるし、うさぎを触るし、なんか気持ち悪いという感情だった」

中学生になっても、愛人と連れ子は自分の家のように居ついた。母親は市内の実家に帰り、両親は別居することになった。

「愛人と連れ子は、家を本当に自由に使う。私も家にいたけど、ずっとその女と馴染めなかった。学校とかから帰ってくると、連れ子がうさぎを触ってて耐えられなかった。うさぎを連れてママの実家に行ったり、でもママの実家は通う中学校からは遠かった。だから家に戻ってとか、そんなことを繰り返した。自宅にいても部屋にこもって出ることができなかった。そんな感じの生活が続いた」

あもさんは、吹奏楽部に入り、家にいる時間を短くした。

父親と愛人、連れ子は家族になっていた。あもさんは家族外の部外者という扱いになった。父親も愛人も、あもさんが母親の実家ではなく、自宅にいると露骨に嫌な顔をした。

「パパは私がいると鬱陶しいから、嫌がらせをするようになった。うさぎをかわいがっているのを知っているから、うさぎをイジメるみたいなことをする。しっぽに洗濯バサミつけるとか。そうすると、うさぎはばーって走り回る。それを見てパパと愛人が笑うとか。中学校には通いづらいけど、私はやっぱママの家で暮らしたほうがいいのかなって」

中学3年生のとき、両親は正式に離婚することになった。このとき、あもさんのメンヘラ人生を決定づける出来事が起こっている。

「両親はすんなり離婚する流れになったけど、私の親権をどうするってなったときにパパは『いらない』って言った。耳を疑いました。何度も何度も、『いらない』『いらない』って言い出して。そうしたら、ママも『うちもいらない』『まったくいらない』『いっさいいらない』って。私がいる場での話し合いだったんだけど、両親は『本当に絶対にいらない』って言い合いみたいなことになった。私は親に必要とされてないってことを理解した。十分すぎるくらい理解して、それから自分を大事にできなくなった。自己肯定感を持てなくなった」

離婚のとき、親が子どもの親権を欲しがるのは普通だとあもさんは思っていたという。芸能人の離婚でも、みんながみんな子どもの親権のことで争っている。両親も親権を取り合うものだと思っていたが、「いらない、いらない、いらない、いらない」と、その言葉が100回以上は応酬された。

「どうしていらないのかわからなかった。衝撃でした。結局、親権はママになったけど、ママが親権を『いらない』って言いまくっていたことを、私は知っている」

この両親が親権を押しつけ合ったことが、あもさんの心に楔を刺した。親に拒絶されたという事実が未来にまで、彼女を苦しめることになった。

角刈りの漁師たちと次々と肉体関係に

C市には漁業と酪農くらいしか産業がない。家にいたくないあもさんが時間潰しで入った青年部は、若手の漁師グループだった。

「夜遊びじゃないけど、街の青年部に入った。大人たちと夜中まで一緒にいることが増えた。私はまだ子どもだったけど、みんなお酒を飲んだりする。とりあえず家に帰りたくない。だから、その人たちのところに一緒にいた感じ。当時は自分がメンヘラとはわからなかったけど、動悸が激しくなったり、刃物を見ると刺したくなったり、皮膚を切って血を出す行為をしたくなったり、おかしかった。ネットとか携帯もないからメンヘラの情報を知らないし、今は調べればどの薬をどのくらい飲めばいいとかわかるけど、当時はなにもわからなかった」

未成年の女子中学生が入ってきて、青年部の漁師たちは盛り上がった。未成年との淫行は犯罪だが、おかまいなしだった。次々と男たちが近づいてきてあもさんを口説いてくる。

「自己肯定感がなくなると、自分の大切さはわかんなくなる。誰にも大切にされてないし、親にも見捨てられた。でも、男の人が、私と遊びたいって言ってくれる。C市みたいな田舎では遊ぶ＝セックスだから、みんなセックスしたいって寄ってくる。私はそれでもよかった。私に会いたいって思ってくれたり、私のために時間つくってくれるんだってうれしかった」

若手の漁師は陽気に騒ぐパリピ系が多いという。朝早く船に乗って漁に出かけて、15時には帰ってくる。夕方から酒を飲んで、どんちゃん騒ぎをする。女子中学生が抱けるという噂が駆けめぐり、次々と男が近づいてきた。その噂は若手だけでなく、熟練漁師たちにも伝わって、角刈りのおじさんも続々とあもさんのところにやってきた。

「ドライブ行こうよ、とか。若い人たちは独身だけど、上司の人たち、角刈りのおじさんたちはみんな結婚している。私と同じ中学生の娘がいたりする。私、口が堅かったから遊んでもバレないだろうって。本当にみんな角刈り、角刈り……みたいな。私が家に帰りたくないって知っているから、泊めてくれたり。そんな感じで家に帰らなくなった」

群れる漁師たちを相手に肉欲漬けになっているなかで、離婚した母親もおかしくなっていった。母親はいっさいの家事を放棄してパチンコ店に入り浸った。

「ママはパチンコ狂いになっちゃいました。国道沿いのパチンコ店に開店から閉店までいる。ママはタバコを吸うようになってて、髪の毛もボサボサでひたすらパチンコをやっていました」

25年前、1円パチンコがない時代である。4円パチンコはギャンブル性が高く、1時間で1万円は負ける。1日に注ぎ込む金額は数万円から十数万円。依存症になるとまず経済的に破綻する。パチンコは全国各地で借金、破産、家庭崩壊、自殺の連鎖を引き起こし、大きな社会問題となっていた。

「パチンコやっているからご飯をつくらない。食べる物がないことからはじまって、ノートとか教科書とか、学校で必要なものも買ってくれない。給食費も払ってくれないから、自分でバイトしなきゃならなくなった。最初はお蕎麦屋さんで働いたけど、月に5万円くらいのバイト代だとお金が全然足りない。それで援助交際をするようになった」

一日中パチンコをしている母親は、常にお金に困るようになった。アルバイトをはじめたことを知ると、娘にお金をねだりだした。

「アルバイトして自分で稼いだお金をもらったときは、うれしかったけど、そのお金をママがパチンコで使いすぎた。『お金ないからママを助けて』、みたいなことを言ってきて、お金を持っていっちゃった。パパからの養育費も、財産分与みたいなお金も、私のアルバイト代も全部パチンコで消えていく。だから、出会い系サイトで男の人と会ってお金をもらうようになった。青年部の漁師のおじさんたちもお金をくれる人はいたけど、出会い系だと未成年だったから、一回3万円とか5万円ももらえた。

離婚してママがパチンコをはじめてから、本当にお金がなかった。食べ物がなくなるくらい困っても、パパには連絡したくなかったし、ママの実家の人たちは私が懐いてなかったから話せるような関係じゃなかった。同級生にママがパチンコにはまって苦しいみたいなことは言いたくなくて、いつママにお金くれって言われるかわからないから私が稼がなきゃ、みたいな感じだった」

娘の援交の稼ぎにたかるパチンコ依存症の母親

C市は人口が少ない。援助交際をしている男性の母数も少ない。いたとしても、同級生の父親とか知り合いになる。買春男性を見つけるときは、地元ではなく、札幌までエリアを広げた。

「近隣の市も援交相手はたくさんいたけど、札幌はロリコン男性がいちばん多かった。深夜バス代を先に振り込むから、こっちまで来てくれとか。援交で月30万円は稼いでいた。ママはパチンコにはまってから本当に人間が変わってしまって、ピリピリした感じで、『冷蔵庫にあるものを勝手に食べるな』とか『お前に使うお金は1円もない』とか、そんなことばかり言うような感じになった」

いよいよ家庭に危機的なほどお金がなくなって、水道代や食べる物にも困ったとき、母親はパチンコをやめることを誓った。海側にある水産加工工場で働きはじめた。ひと月後、最初の給料をもらった。だが、母親は給料日に自宅にまっすぐ帰らずに、国道沿いのパチンコ店に行ってしまった。依存症はすぐに再発して、水産加工工場を辞めてしまった。再び、一日中パチンコ店にいるようになった。

「家にも帰ってこなくなったし、たぶんだけど、工場を辞めてからのママは、パチンコ売春みたいなことをしていたと思う。負けた日はパチンコ店で知り合った男にカラダを売って、お金をもらって、それをまたパチンコに使うみたいな。ママに援交がバレたけど、ママは怒るどころか、お金貸して、お金貸してってしつこくなった。本当に心からうんざりした」

高校2年生になってからは、母親との会話はお金のことだけになった。どんな会話をしていても、お金の話になっていく。

「今日パチンコで負けて、お金ないから3万円貸してからはじまって。タイヤ交換するから3万円貸してとか。ガス代がないからとか。おばあちゃんの医療費とか。とにかく3万円って金額が多かった。高校2年、3年のときは月10万~15万円くらいは渡していたと思う。卒業したら絶対に家を出ようって思っていた」

18歳で函館の専門学校に進学し、1年で卒業して上京した。東京では水商売、SM嬢、変態AV女優を経験した。コンカフェの経営もやったがサイコパス男に騙されて金銭を搾取された。今は精神疾患と向き合いながら地下アイドルとして生きている。

「ママと絶縁したのは22歳くらい。それまでなんとなくは電話はしていたけど、必ずお金の話しかしない。『お金送れ』『お金貸して』『お金ちょうだい』、そんなのばかり。もう無理と思って連絡はやめたし、電話がきても出なくなった。もう十何年間か話してないです。生きてはいるみたいだけど、なにも知らない。ママは一生会わなくてもいいかなって感じ。パパは再婚した愛人が別の男をつくって別れて、今は一人暮らし。美容師しかできないから無職の年金暮らし。パパは少しかわいそうだなとは思っている。パパが死んだら葬式は行くけど、ママとはもう関わりたくない。どうでもいいです」

極寒の北海道C市で起こった、不倫とパチンコ漬けで崩壊した家族の話は終わった。中学3年のときに両親が親権を押しつけ合って、最終的に崩壊した精神と喪失した自己肯定感はまだ癒えてはいない。角刈り漁師たちの肉奴隷となり、東京で売春のフルコースを経験し、恋愛に救いを求めても相手はサイコパスで全財産を奪われた。絶望のC市から離れて22年が経ったが、希望の灯はまったく見えない。

先日、兄からあもさんに電話があったという。母親がまだ国道沿いのパチンコ店に入り浸っていることを聞いた。お金はどうしているんだろうと思ったが、興味がなかったので、そのことはすぐに忘れてしまった。

第三章　異常すぎる「教育虐待」

暴力を振るわれない生活が夢

環奈さん（仮名、22歳）は出会いカフェの常連だった。出会いカフェとは女性と出会いたい男性とお小遣い稼ぎ目的の女性が集い、双方が合意すれば店に連れ出し料を支払って2人で外出できるシステムの、いかがわしいカフェである。

出会いカフェは全国各地の繁華街にあるが、どこも当然のように売春の温床となっている。風俗店と違い女性は誰にも管理されず、出入りも自由なことから、出勤時間が決まっているキャバクラや風俗店勤務ができない精神的に不安定な女性が集まりがちだ。そのような弱者女性を階層低めの中年男性が買い叩く、不健全な出会いが日々繰り広げられている。

2022年の秋、『歌舞伎町と貧困女子』（宝島社新書）の取材で出会った環奈さんは、大学1年生のときに母親による長年の教育虐待と過干渉に耐えかねて家出して大学を中退。安いアパートを借りて、生活費を稼ぐために歌舞伎町の出会いカフェで売春していた女性である。

環奈さんは出会いカフェだけでなく、格安デリヘル、出稼ぎ風俗などでカラダを売りながら、2023年2月に歌舞伎町で声をかけられた5歳上の男性と結婚している。結婚を機に非正規の昼職に挑戦して、売春から足を洗った。

大学を中退して売春をしてでも逃げたかった母親は、いったい娘になにをしたのか――。

環奈さんと、もう一度歌舞伎町の老舗喫茶店で待ち合わせた。

「旦那がいなければ、ずっと死ぬまで売春するしかなかったと思う。風俗も売春も汚くて不潔なおじさんの相手をさせられるので、一言で言えば地獄です。ナカムラさん（筆者）は男性だからわからないかもしれないけど、不潔なおじさんはすごく臭い。頭がおかしくなりそうな、信じられない匂いがします。こびりついた匂いは、シャワーでどれだけ洗っても消えません。たとえるなら、ゴミ捨て場と公衆トイレに加齢臭を混ぜたみたいな匂いです。もう、思い出したくもありません」

風俗店でのシャワーは、ボディソープを使って、手で洗い流す程度である。あらゆる汚れが蓄積された中年男性は、その程度の洗体ではきれいなカラダにはならないようだ。中年男性は低所得者層ほど、不潔度が増す傾向にあるという。低価格帯の性風俗や安価で引き受ける売春女性ほど、ストレスのかかる不潔男性を引き受けていることになる。

「私、今までずっと不幸しかない生活だったから、普通の生活をするのが夢でした。昼間の仕事をして、誰にも怒られたり、干渉されたり、暴力を振るわれない生活をずっとしたかった。旦那と出会って結婚してから、その夢は実現しています」

教育虐待とは、教育熱心な親が過度な期待を子どもに負わせ、思い通りの結果が出ないと厳しく叱責したり、体罰や暴力を振るったりすることをいう。子どものやりたいことを考慮しないで、自分の理想を一方的に押しつける傾向がある親のことだ。環奈さんはピアノが好きだったが、母親は音楽の道に進むことは絶対に許さなかった。理系の道に進むことを希望する母親に、ひたすら強制的に勉強をさせられて、部活も進路も大学の履修も、すべて母親に決められている。

環奈さんの母親は、徹底した過干渉と徹底した教育虐待を続け、大学進学を機に母娘関係は破綻した。環奈さんは大学進学を境に母親と家から逃げて、歌舞伎町や東京の繁華街の風俗や売春で稼いで一人暮らしをはじめている。

環奈さんは神奈川県出身で、父親（52歳）、母親（51歳）、そして3歳上の兄（25歳）の4人家族だった。母親の教育熱心は物心がついてからずっと継続して、同じ母親に育てられた3歳上の兄は、甲子園やサッカー全国大会常連の名門私立に中学から通い、理系の一流大学に進学している。高校時代は野球部でセンターのレギュラーだったという。母親自慢の絵に描いたような文武両道の優等生だった。

「母親は、勉強はこうやりなさい、課題をやりなさいって、それしか言いません。2歳とか3歳くらいからひたすら勉強をさせられた。私、勉強はすごく苦手で、どうしてもできなかった。『本当に出来の悪い子』って、母親だけじゃなくて家族全員に言われ続けて、いくら努力してもできないからずっと苦しかった。母親は、私が問題が解けないとか、漢字が書けない、漢字が読めないと、叩いてきます。何十発も平手打ちで叩かれて、いつも体が赤く腫れあがっていた。痛いけど、ちっちゃかったので、どこの家でも子どもは親に厳しくされているんだと思っていた。母親の虐待をずっと普通だと思っていました」

母親に棒で殴られながら深夜まで受験勉強

母親の口癖は「お兄ちゃんはできたのに、どうしてアナタはできないの？」だった。その言葉を19歳で家から逃げ出すまでに何千回、何万回と聞かされている。自己肯定感など持ちようがなく、気づけば、学校に行ってもなかなか友だちをつくれなかった。小学2年生のとき、勇気を出してクラスメートと話して仲良くなった。放課後に友だちの家に遊びに行くことが増えた。

「友だちの家で遊ぶのは禁止でした。絶対にダメだって。小学2年生のとき、親にバレないように友だちの家で遊んだ。ほかの子の家に行くようになって、普通にお父さんとかお母さんが仲良くて、全然厳しい勉強をさせられてない。うちと全然違うんだって驚きました。それで何度目かに母親に友だちと遊んだことがバレて、ルールを破ったからと髪の毛を掴んで引きずり回されました。『友だちと遊ぶのは許さない！　絶対に許さない！』って何度も何度も殴られました。理由はわかりません」

このとき、母親に友だちと遊ぶことを禁止されてから、環奈さんには友だちができなくなった。

クラスメートと話そうと思っても、激怒する母親の顔が浮かぶ。まともにコミュニケーションが取れなくなって、やがてクラス全員からイジメの対象とされた。結局、大学でも友だちという存在ができなかったので、生まれて初めて対等な存在として会話をしたのが現在の夫だという。

母親は勉強以外でも、環奈さんを否定して叱り続けた。

「洗濯物をたたむ手伝いのとき、きれいにたためなくて、タオルもうまくたためなかった。そうしたら、『こんなこともできないのか！』って怒りだした。1時間とかずっと怒鳴りっぱなし。『お前はお嫁に行けない！』『こんな子どもを産んでしまって恥ずかしい！』とか、『家族に申し訳ないと思わないのか！』『だからあんたは勉強もなにもできない、泣けば許されると思うな！』って」

子どもに猛勉強を課した母親の学歴は高くはない。福島県の農家出身で、地元の短大に進学。上京して就職した会社の同僚だった父親と恋愛結婚している。兄を妊娠したときに寿退社して、兄は母親が強制する猛勉強を乗り越えて、リトルリーグで野球をやりながら名門私立中学に進学した。母親は、環奈さんが物心ついた頃から学歴の話が好きで、兄が名門中学に合格したときは「大学、東大に行かせるわ」と、親戚じゅうにうれしそうに電話をしていた。

「どんなにできなくても、強制的な勉強は続きました。小学3年生から塾に入れさせられて、私が下から2番目のクラスだったので『恥ずかしい！　恥ずかしい！』っていつも言っていた。その塾には暴力を振るう先生もいて、私はいつも叩かれていました。母親はどんなに勉強ができなくても、私の中学受験を諦めることはなくて、6年生のときにはものすごい時間、勉強させられました」

学校に行って、放課後は塾に行く。そして帰宅した21時から、母親がつきっきりで深夜まで勉強が続いた。中学入試の勉強は難しい。算数がまったくわからなかった。できないと手で叩かれるだけでなく、棒で殴られるようになった。痛くて体力が消耗して、睡魔に襲われる。それでも寝ることは許されない。どんなに眠くても、母親に言われるままにわからない勉強を続けた。

小学6年生の2月1日から4日まで、母親が決めた私立中学の入試を複数校受験した。自分の意思がなかったので、受験した中学校名を環奈さんは一つも覚えていないという。

「私は暴言と暴力を受けるために生まれてきた」

小学校での環奈さんへのイジメは過熱した。小学2年生のときに友だちと遊んだことが母親にバレて、髪の毛を掴まれて家中を引きずり回されてから、学校で友だちが一人もできないだけでなく、人と話すのが怖くなった。気づいたらイジメられっ子になっていた。家に遊びに行った仲が良かったはずの友だちも、環奈さんのことを罵倒するようになった。

「小学校から高校まで、ずっと、徹底的にイジメられました。給食もみんなから机を離されて食べて、小学校のときは2度も転校しました。けど、何度転校しても、どこの学校でもイジメられた。『死ね、死ね、死ね、死ね』『キモい』『チクるな』とか言われて、バイ菌扱いされました。理由はわからないけど、すべての人の癪《しゃく》に障ったのかな。つらいなって。イジメられるのは、つらい。なんで私のことをそこまでイジメるのか、どうしてそんな恨みがあるのか、自分では全然わからなかった」

小学4年生のとき、イジメっ子の男子が、環奈さんに物を盗まれたと言い出した。ありもしないでっち上げだったが、クラス全員、「泥棒、泥棒」と大合唱がはじまって、それを信じた担任教師は母親を呼び出した。いくら環奈さんが盗んでいないと担任と母親に伝えても、母親は謝罪を続けた。母親に「この泥棒野郎！　親に恥ずかしい思いをさせやがって！」と叫ばれて、何度も往復ビンタをされた。

「盗んでないのに盗んだって。『泥棒野郎！　バイ菌死にやがれ！　死刑になれ！』みたいな。母親が先生に何度も謝って殴られたとき、私は暴言と暴力を受けるために生まれてきた、そういう仕打ちに遭って当然だって思うようになった。自分の中でも、その意識が定着した。それから、どんなひどいことが起こっても、なんとも思わなくなった」

環奈さんにはアトピー性皮膚炎がある。よくクラスの男子に体を掻く真似をされた。「バイ菌がまたボリボリ、ボリボリ、動物園に行け！　菌が床に散らばる」という声が聞こえる。「次に掻いたら殺す！」とわめいている男子もいた。〝お前の掻き方〟という環奈さんの真似があった。男子が猿みたいに体を掻くと、クラス全員が大爆笑する。周りを見たら、全員が猿みたいな動きをしていた。

「イジメが本当につらかったとき、母親には『お前に原因がある』って言われた。あと、『やり返しなさい』とか。もう母親もあてにならないと絶望しました。母親との関係はずっとおかしくて、苦手とか嫌いから恨みみたいな感情に変わったのは、このイジメで追い詰められたときに助けてくれる存在ではないと確信したからです」

学校だけでなく、塾もスパルタだった。環奈さんだけ講師に罵られながら平手打ちされた。ある日、模試の結果が返ってきたとき、自宅のリビングで夫婦喧嘩がはじまった。母親が父親に対して怒鳴り声を上げていた。

「母親が『あんな子、生まなきゃよかった、あんたの遺伝子であんな子が生まれた！』と怒鳴っていた。『もう、殺しましょう』とか話していたし。父に対してなのか、独り言かわからないけど、大声で『殺しましょう、殺しましょう、殺しましょう』って。耳を疑いました。ここの家にいたら命の危険があるから、大人になったら絶対に家を出て逃げないといけないって思うようになりました」

暴言から暴力になった学校でのイジメ

中学受験は失敗した。小学校と中学校でメンバーが変わらなかったので、中学生になってもイジメは続いた。母親が決めたテニス部に所属したが、部活でも人間関係はうまくいかなかった。

「学校のイジメだけじゃなくて、母親からの虐待も加わって、中学校時代がいちばんつらくて、ひどかったです」

環奈さんは、そう嘆く。

「中学生になっても、母親は『勉強、勉強』って言い続けて、ちょっとの自由な時間も許されなくなった。母親は私がイジメられているのを知ってるけど、『やり返してきなさいよ!』と言うだけ。勉強させるから家にまっすぐ帰るってルールができて、母親に部活の予定表とか学校の時間割とか管理されて、空いている時間はすべて勉強になった」

中学校からイジメは無視や暴言ではなく、暴力になった。

「廊下を歩いていると、みんな偶然を装ってわざとぶつかってくる。私、体が小さいので吹っ飛びます。最悪の日は5回とか6回も吹っ飛ぶ。廊下の床は硬いので痛い。ケガもします。頭を打ったら死ぬかもしれません。一度、大ケガをしたことがあったけど、先生はわざわざ学年集会を開いても、『イジメはやめよう』って言うだけ。その集会が終わった瞬間から、クラスメートに暴力を振るわれました」

今でも、たまに夢に見るのは給食時間のワゴンだ。

「偶然ぶつかっただけでは済まなくなって、給食を運ぶワゴンで追い回された。轢かれたら死ぬまではいかないけど、骨折くらいするかもしれない。怖ろしくて逃げる。泣きながら逃げる。けど、『バイ菌殺せ！　バイ菌殺せ！　バイ菌殺せ！』って、廊下じゅうで合唱がはじまる。『殺せ！　殺せ！』って声のなかでワゴンに追い回される。怖いので逃げます、必死で逃げる。でも、追いかけてくる。本当に轢かれたのは何度かでしたが、今でも夢に出てきます」

帰宅すると、すぐに母親との勉強がはじまる。勉強はいくらやっても、母親が満足するようにできないので、あらゆる誹謗中傷を浴びる。暴力もある。高校受験は中学受験のリベンジで、都立の難関校を受けるように言われた。

環奈さんは偏差値うんぬんより、地元の人間が誰もいない遠い高校に行きたかったが、母親には秒で却下された。高校受験でも、母親の理想に遥か及ばない平均的な都立高校にも落ちた。それで母親が決めた私立高校に進学した。母親は都立高校に落ちたとき、「父親に似たから、こんなバカな恥ずかしい子になった」と落胆した。

おぞましすぎる実の兄による性的虐待

「実は、私の初体験の相手、実の兄です。兄はスポーツマンで優等生、でも鬼畜です。本当に最悪な人間でした」

2022年の秋、環奈さんに初めて取材で会ったとき、絶望的な表情を浮かべてそう語った。小学校と中学校では壮絶なイジメ被害を受けたが、高校生になってからは実の兄による性的虐待がはじまる。

母親が「恥ずかしい、なにもできない、父親の遺伝のせいだ」と嘆き続けた環奈さんは家族のお荷物だった。野球の名門高校から最難関私大に進学した兄は、高校生になった環奈さんに性的虐待をするようになった。

「兄は家族でいちばんランクが低い私になら、なにをしてもいいと決めつけていたんだと思います。兄の性的虐待はひどかった。性的虐待は私が家から逃げ出すまで、ずっと続きました」

今回、実の兄による性的虐待の実態を、改めて環奈さんに聞いた。

――お兄さんにいつ、なにをされたの？

環奈 私が高校1年生のときからです。最初は下着に手を入れられるくらいだったけど、どんどんエスカレートした。フェラしろとか、挿れられたりとか。兄はエリートで、高校時代は野球部でレギュラーでした。最初はマッサージをしてきた。両親がいないときに私の部屋に入ってきて、「マッサージしようか？」って。私は曖昧な表現がわからないから、はっきり断れなくて応じることになった。太もものマッサージからはじまって、だんだん際どくなっていって、下着の中とか。拒否してもやめてくれない。

――お兄さんが通っていたのは、校則の厳しい名門高校だよね。

環奈　男女交際禁止だったと思います。マッサージされているとき、すごく気持ち悪い顔だった。女に飢えている顔というか。「お尻もマッサージするよ」って言われて、そのあとに怪しくなってきて、拒絶しても、触られ続けました。抵抗してもやめてくれなくて。最初は兄の気が済むまで触られるだけで終わったけど、その一回だけじゃなくて、マッサージは何度も何度も続いた。兄に「濡れてる?」って言われて本当に気持ち悪かった。

――パンツの中に手を突っ込んできて、どうなったの?

環奈　キスを無理やり強要された。「彼氏ができたときの練習だ」って言われて、兄の唾液を飲まされたり、胸を揉まれたり、乳首を吸われたり、エスカレートしていった。

――高校1年生からいつまで?

環奈　19歳で家を出るまで。

――途中で抵抗するのを諦めたの？

環奈　諦めたというか、とにかく心が無でした。一線を越えたのは半年くらいしてから。一線を越えたというのは挿れられたってことです。野球部のレギュラーだったので力が強い。

――そのときどう思った？

環奈　ただただ気持ち悪い、早く終われって。兄がパンツを脱いで、「チンコを触れ」と。やられたときは、心をとにかく無にする。私なんてどうせ誰からも大切にされない人間だって思っていました。ベッドに押し倒されて前戯をされる。胸やあそこをいじられる。高校2年生のときがいちばんひどくて、毎週一回はされた。

――お兄さんに繰り返し、強姦された？

環奈　そうです。痛い。ずっと痛い。この人とはもう二度と、絶対に関わりたくないって。縁を切らなかったら私は生きていけないなって。

――誰かに相談したの？

環奈　誰にも言えません。兄はエリートなので、誰も私の言うことなんて信じない。

母親も兄を溺愛しているし、無理でした。

実の兄に頻繁に強姦されながら、それを知らない母親の、つきっきりの勉強は続いた。

母親は「自分には高校の勉強はわからない」と言いながら、環奈さんが答えることができないと平手打ちした。母親は大学こそはと、兄と同じ大学に進学することを希望したが、最終的には志望校を日東駒専の理系学部まで妥協している。それでも、環奈さんの偏差値では、どんなに勉強しても遠く及ばなかった。

母親の口癖は「お兄ちゃんはできたのに」だ。

環奈さんはそれを聞くたびに、深夜に部屋に忍び込んできて強姦する兄の姿が思い浮かぶ。

家ではいっさいの自由な時間は許されず、ひたすら勉強をさせられて大学入試に臨んだ。母親がすべて決めるので、環奈さんはどこの大学を受けたのか覚えていない。最後の最後に、偏差値30台の理系のFランク大学に合格した。合格発表のインターネットサイトに自分の番号があった。翌日、入学の手続きという封筒が郵送されてきた。うれしかったので母親に封筒を見せた。

しかし、そこで母親が発狂した。

「母親は、『この聞いたことがない大学はなんだ！　ふざけるなクズ！』って叫んで暴れだしました。平手打ちされて首を絞められながら、『私のお金と時間を返せ、返せ、返せ、返せ――！』って叫ばれて、殺されそうになりました。夕飯のときだったけど、私の食事を全部床にぶちまけて、それを食えって。『無能な父親に似たクズは箸を使うな！　犬みたいに食べろ！』って。それで犬みたいに食べました。もう、この人と、この家はダメだと思いました。逃げるしかないって」

これほど暴れたにもかかわらず、母親はこのFランク大学に環奈さんを入学させた。

母親への反抗ではじめた風俗と売春

大学生になっても履修科目やサークル、勉強に、母親は執拗に口を出してきた。

入れと言われたサークルは体育会系のソフトテニス部だった。

環奈さんは大学1年の4月から出会い系サイトをいじるようになって、サイトで出会った男性が優しくしてくれることを知った。母親に悟られない時間を見つけて、知り合った男性の家に行くようになって、兄以外の男性と初めて肉体関係になった。肉体関係になった男性はセックスが終わると、2万円を渡してきた。セックスがお金になることを知った。

そして、頻繁に門限破りを繰り返した。母親はいちいち激怒したが、怒鳴り声は聞き流した。同じ頃、風俗情報サイトを見て蒲田（東京都大田区）の激安デリヘルで風俗嬢もはじめている。

「風俗をやった理由は、母親が風俗嬢を嫌っていたからです。『水商売とか風俗とかやる女は人間のクズだ。恥ずかしい人間だ』って。だから母親に反抗するために風俗をやりました。同時に出会い系を使った売春も続けました」

蒲田の風俗店は、池袋に次いで男性の客層が悪いことで有名だ。貧しくて性欲の強い中年男性が蒲田に集まる。

「蒲田では本番強要ばかりされました。今思えば、本当にひどい。何度も中出しされました。毎日、無理やり中出しされるので、ピルを飲みました。そういうことをするのは、みんな40～50代のおじさんです」

日本は男性優位社会、男尊女卑社会とよく言われるが、今のアラフィフ以上の男性には、その感覚が根深く残っている。環奈さんが忘れられない最悪の中年男性は、歌舞伎町の出会いカフェで知り合った当時48歳の介護福祉士だ。太ったオタク風の男で、とにかく態度が横暴だった。最初、2万円で売春した。セックスを終えた男は「これから、お前を俺が育ててやる！」と張り切りだした。それから毎日のように歌舞伎町に呼び出された。

「独身の介護士で、すごく顔がブサイクな人。すごく汗臭い。その男が『俺がお前を最高のM女に育てる』って言いだして、セックスしながら『ブス、ブス、ブス』とかわめく。唾がすごい。その人、ツヨシって名前だけど、『土下座してツヨシ様のおちんぽ挿れて！って言え』とか『おしっこ浴びろ！』とか『アナルをずっと舐めろ！』とか命令してくる。嫌だし、キツい。でも、ずっと母親とか学校にイジメられて、誰かにひどいことをされるのが染みついていた。だから、そのときはちゃんとひどいって思えなかった。人としての感覚が麻痺していました」

売春がバレて母親に殺されかけ、実家から逃走

被害として最大だったのは、同じ歌舞伎町の出会いカフェで知り合った65歳の無職の男だ。元美容師と自称していたが、清潔感がない風貌は、どう見ても元美容師とは思えなかった。

「その65歳とは、出会いカフェで会って2万円で売春した。また会いたいっていうから『定期』になった。定期のほうが相手を探さなくていいのでラクだから、おじさんでもいい。そうしたらその65歳が、私を束縛しだした。1日50通も60通もLINEを送ってきて、返信しないと電話がかかってきて怒鳴る。『売春はやめろ、俺としか会うな』って言いだした。ヤバい人だと思って、5回くらい会ってから距離を置きました」

65歳の男は売春の定期の関係と恋愛関係の区別がつかなくなり、環奈さんを恋人

として扱った。ストーカーになって、男の頭の中で環奈さんはいつのまにかフィアンセになっていた。LINEには「運命で結ばれている。お前は絶対に俺と離れられない」「結婚するって約束しただろ」「お前のことを心から愛している」など、異常な言葉が続々と送られてきた。

「最後は、『お前の家族に手紙を送る』とか言いだした。『お前が売春していることを家族にバラす』って。まさかそこまでしないだろうと思っていたら、本当にされました。男は私とのセックスを盗撮していて、その画面撮りを何枚も用意して、『あなたの娘は売春しました』みたいな手紙と一緒に自宅のポストに投函した。それを母親が見つけて発狂した。リンチみたいな暴行を受けました。さすがに死ぬって思った兄が、母親を止めました。その次の日に実家から逃げました」

環奈さんはカバン一つを持って逃げた。出会い系サイトを使って、男の家を転々としながら、歌舞伎町の出会いカフェに毎日通った。20万円が貯まったとき、格安アパートの契約をしている。

「一昨年(2021年)の1月に、母親に居場所が見つからないように住民票閲覧制限をかけました。女性支援センターに行って、母親との事情を話したらロックできた。兄のことは言いませんでした」

母親の「殺しましょう」「殺せばよかった」という発言を女性支援センターに伝えたことで、住民票閲覧制限が認められた。環奈さんは、過干渉と教育虐待を続けた母親と、妹を強姦する鬼畜な兄から逃げて自由になった。そして大学は中退した。風俗と売春をしているとき、現在の夫に声をかけられている。

「助かったのは、全部旦那のおかげです。本当に感謝している。2023年8月に入籍しました。もちろん、母親はなにも知りません」

環奈さんは結婚を機に風俗と売春から足を洗った。今は夫と6万円のアパートに住みながら派遣社員をしている。「虐待を続けた母親、何十回とレイプした兄とは生涯会うつもりはありません」と言っている。

教育虐待が原因で寝たきり状態のうつ病に

東京の中学受験戦争は凄まじく、現在進行形で多くの子どもたちは受容の限度を超えた勉強をさせられている。ある名門国立中高卒の美咲さん（仮名、25歳）は、「クラスの半分以上がリストカットをしていました。先生はその悲惨な状況を認識していて、自傷経験のある生徒のリストをつくっていましたから」と証言する。

「働きたい気持ちはあるけど、精神病があるので働けない。しばらく就活して、内定をいただいても辞退みたいなことを繰り返していました。ずっと家にこもっている生活でしたが、今年の初めに担当医から『週2～3日ならば働いてもいい』と診断されたので、2カ月くらい前まで派遣で外資系企業の英語受付をやっていました。でも、解雇になってしまいました」

美咲さんは、13万円台の金額が書かれた生活保護受給明細と、高校と大学の卒業証書、大学院の修了証を見せてくれた。超高学歴だった。名門として有名な国立中高一貫校（偏差値75）から某国立大学、アメリカにある大学の大学院を卒業している。2022年、帰国してほぼ同時に生活保護を受給している。

「生活保護を受けて、だいぶ精神的に楽になりました。それまでは父親に援助をしてもらっていましたが、父親と関係が続いているのがバレると、いつ母親が襲ってくるかわからないから」

古いアパートで一人暮らししながら、大学院修了まで学費と月10万円ほどの生活費の援助を父親から受けていたが、帰国をきっかけに親との関係を断ち切って生活保護を選択したという。母親が過干渉、教育虐待の毒親でうつ病の原因になっているようだった。

「大学院時代も体調は悪かったですが、日本に帰って親元で暮らしたら、たぶん死ぬと思いました。保健師さんに相談して、生活保護の道があるって教えてもらいました。受給は昨年10月から。甘えていると思ったことはないです。ただ精神的に不安定な生活は不安が増すばかり、だからなんとか社会復帰したい。働こうと一歩を踏み出して失敗しましたが、諦めないで頑張るつもりです」

２０２２年10月、日本に戻って生活保護を受けた美咲さんは、厳しい生活を送っていた。うつ病の症状は重度で、体調が悪くなると体はまったく動かなくなる。なにもできない。

「最近までベッドから出ることができない生活でした。大学院時代の後半からそんな感じで、2年間くらいは大げさではなく、寝たきりみたいな生活だったかもしれません」

症状が出ると常に倦怠感がつきまとい、体は動かない。なにもすることができないので、ベッドの中で何十時間もじっとする。死にたい、死ななきゃならないという気持ちが湧いてくる。絶望感だけが強まり、時間ばかりが過ぎていく。

「悪化する理由はわかりません。わかっていたら治っています。頭の中はひたすら〝しんどい、しんどい、しんどい〟か〝死にたい、死にたい、死にたい〟という状態で、お風呂にも入れません。昨年は1カ月間まったくお風呂に入らない時期もありました。でも、食べなかったら本当に死んでしまいます。前兆があって、その状態になるのはわかっているので、食料を買い込んでベッドの横に置いて、餓死しないように準備しておくんです」

餓死も想定内でベッドの横に水とバナナやチョコ、ナッツを置いている。体調が悪くなると食欲がなくなる。空腹で食べないと死ぬという状態になるまで動くことができない。限界が近くなったとき、気力を振り絞って横にある食料を口に運ぶという。

「絶食みたいな状態は2日間くらいが限界。だから体調が悪くなると頭痛がしたり、吐き気がしたり、死にたい気持ちと格闘してフラフラになる。死にたい、死ななきゃならないって指令が脳からくる。薬を飲んでもよくはなりません。気持ちの浮き沈みが激しいと本当にもたないので、普段からうれしいことがあってもあまり喜ばないとか、気持ちをコントロールするようにしています」

毒親育ちの子どもが集う国立中高一貫校

「母親のＤＶが、そもそもの原因です」

美咲さんは悲惨な現状に至ってしまった原因を、そう断言している。ＤＶの具体的な内容を聞こうとすると、無表情のまま頭を抱えてうずくまり、「うぅ」と苦しそうな表情を浮かべる。

「いろいろあったけど、幼いときのことで覚えているのが、公文の宿題をやっていなかったとき。母親の思うように進んでいなかったみたいでイスを振り回されて、イスが壁に当たってものすごい音を上げて壊れました。すごく怖くて、頭が真っ白になりました。母親はビンタとか蹴り飛ばすみたいな暴力以外に、物を投げたり、包丁を突きつけたり、『殺す』とか、『殺してみろ』みたいなことを絶叫することがよくありました」

父親は世界的に有名な一部上場企業の社員で、幼稚園時代に家族そろってアメリカへ海外赴任している。見知らぬ土地で母親の精神状態が悪化した。その後、父親は単身で残り、家族は日本に戻っている。

母親にはエリート志向があった。小学校は有名私立小学校に進学し、中学受験を突破して最難関の国立中高一貫校に進学した。美咲さんは、小学1年生から公文、小学3年生から受験に特化した学習塾に通い、とにかく勉強をさせられた。

「母親は成績が悪かったり、宿題をやってないとき、怒っていたっていうか発狂して暴れていました。海外赴任家庭で母親がノイローゼになるのはよくあること。たぶん母親が心身を崩したことが、私へのDVのそもそもの原因だと思う」

小学校ではイジメられた。男子には暴力を振るわれて、女子には物を隠されて無視された。地獄だった。せめて学校だけでも地獄から逃げようと必死に勉強した。最難関国立中学合格までのモチベーションになった。平和な学校生活を期待して最難関校に進学したが、中学ではさらにひどいイジメに遭った。そして、うつ病を発症する。エリート家庭のエリート子弟が集まる超難関中学校でも、ひどいイジメがあるものなのだろうか。

「進学した中高は精神を病んだ子どもだらけでした。本当に異常っていうくらいの状況でした。中学3年生になるとクラスの女子の半分くらいがリストカットしてて、学校側はリストカットする生徒のリストをつくっていた。私、自傷はしないので、三者面談で先生が『あなたの娘さんは、精神状態は大丈夫です』みたいなことを言っていました」

美咲さんのクラスメートのほとんどは親の大きな期待を背負わされて、小学校時代は遊ぶことなく、ひたすら勉強をしてきた子どもたちだった。偏差値75の美咲さんの出身校は教育虐待を受けた毒親育ちの子どもが多く、クラスの女子の半分以上が心身の状態が悪かったという。教師の目の届かないところでイジメも蔓延していた。

「私みたいな重篤な状態ではないですが、中学時代からの同級生はほぼ精神を病んだ子ばかり。知っているかぎりでは、今は実家住まいか、結婚して専業主婦かで、働いている同級生はいないです。精神的に問題があるので社会に溶け込めないんでしょうね。本当におそろしい環境にいたと思います。たぶん、みんな親からそれなりのモラハラだったり、DVだったり、教育虐待を受けていたと思う。ストレス発散のためなのか、学校でのイジメがすごくなる」

イジメの内容は、からかわれるだけでなく、無視される、汚物扱いされる、物を隠される、唾をかけられる、暴行を受けるなどだった。学校は荒廃しきっていて、自宅に戻っても母親が壊れてしまっている。海外から帰国後も母親の状態は改善することはなく、成績が悪い、行動が気に食わないと、美咲さんへの虐待はひどくなるばかりだった。

母親からの虐待、学校でのイジメで精神が壊れた。ギリギリのときに何度か周囲にSOSを出したが、誰も聞いてくれる人はいなかった。ずっとつらい環境だったが、本当に限界を超えたのは高校2年生のときだった。死にたい、死ななければならないという希死念慮がはじまって、一度だけ学校の屋上から飛び降り自殺を図ったことがある。

金網を越えて飛び降りようとしたとき、周りの先生と生徒に止められた。

「死にたいって気持ちが出てきて、それが強固になったのが高校2年生。高校3年生のときは精神病院の閉鎖病棟に入院しました。強い薬を投与されて、その頃のこと、それと大学時代はあまり記憶がありません」

美咲さんは本当に記憶がないようで、覚えていることを聞いた。

学校に行けない。登校しても授業を受けられない。授業を受けても薬の副作用で目がかすんで黒板の字が見えない。同級生は続々と東大、京大に進学したが、薬の副作用で満足に勉強ができなかった美咲さんは、旧帝大系以外の難関国立大学しか合格できなかった。

「大学時代は病気との闘いで、今とあまり状況は変わらないです。浮き沈みがあって、症状が出ると1カ月間起き上がることができないとか。同居している母親は心から私のことがうっとうしそうで、私もとても親とは思えない状態で殺意を覚えたこともあるし、最終的に縁を切ることを決めました。それで母親と離れるためにアメリカの大学院に進学して、帰国後に人を介して絶縁したい意思を伝えました」

母親に最後に会ったのは3年前、アメリカに旅立った日だ。家を出るとき、母親は姿が見えなくなるまで笑顔で手を振っていたが、悲しそうだった。でも、美咲さんはもう一生会いたくないと思っていた。

大学院修了後、自治体の保健師にうつ病のこと、母親に虐待を受けていたことを伝えて相談した。生活保護の申請をすると、すぐに受給が決まった。このときは社会復帰を目指していたが、現在、美咲さんがどうなっているのかはわからない。先日、メールを送ってみたが、返信はなかった。

元ヤンキーの母親による異常な暴力

歌舞伎町の老舗喫茶店に静岡県出身の晃子さん(仮名、39歳)がやってきた。

晃子さんは食品製造会社で品質管理の仕事をしている。地方国立大学院卒だが、

「半年前から休職中で傷病手当をもらっています。精神的に病んでしまいました」と言っている。

本当に病んでいるようで、休職直前には自殺未遂までしたという。

「上司との関係で精神的におかしくなって、髪の毛をちぎる癖が止まらなくなりました。食品会社なので川が近くにあって、最終的には今年（2023年）の2月に入水自殺しようと川に入った。でも、死ぬことはできませんでした。もう、働けないってことで休職をした感じです。親とか上司のせいだけではないけど、やっぱり母親から受けた虐待とか、暴言がうまく生きられない根底にあると思っています」

晃子さんの家族構成をみていこう。父親が32歳、母親が18歳のときに晃子さんが生まれている。一人娘で、母親は高校中退のヤンキーだった。17歳のときに若くして結婚し、18歳で出産している。晃子さんが地方国立大学院在学中の24歳のとき、父親は56歳でがんで死去、母親はあとを追うように42歳のときに拒食症でやせ細って死んでしまった。

「子どもの頃から、とにかく母親の暴力がすごかった。勉強は好きだったから教育虐待とは違うかもしれないけど、暴力を受けながら勉強をさせられたことは事実です」

元ヤンキーの母親はとにかく暴力的で、物心ついた娘に対して鼻血が出るまで殴るような暴力を日常的に振るった。

「理不尽なのは夜になると『カーテン閉めて』って言われる。けど、それで閉めてもカーテンの裾の重なり具合が気にいらなかったとします。それだけで思いっきり殴られます。『宿題やったの？』と言われたら、『今からやる』と返答すると殴られます。母親は当たり前のようにグーで殴ってくるので、本当に痛い。かなり痛い。そんなことが日常で、いつもボコボコにされていました」

夕飯の支度は必ず手伝うというルールがあった。子どもには母親がいつから料理をはじめるのかわからない。手伝ってほしいと、声もかけてくれない。

「ご飯の支度をすると台所からカタカタって音がするじゃないですか。それが聞こえたらすぐにパッって行かないと殴られる。宿題が忙しいとか、読書をしていたとか、なにかやっているときに面倒くさいみたいな雰囲気を出したら殴られます。とにかくずっと暴力なので、怯えるような感じになる」

母親は健康状態が悪い人だった。ヘビースモーカーでセブンスターを一日何箱も吸っていた。本格的に母親が体調を崩したのは晃子さんが中学生のときで、60キロ台だった体重が40キロを切るくらいまで痩せた。

「痩せても暴力は変わりません。でも、手で殴ってもパワーがないし、殴っている自分の手も痛くなる。だから中学生の頃から、掃除機の筒で殴るようになった。怖ろしいから避けるけど、肘とか腕で受けると骨が折れるんじゃないかと思うくらい固かった。とにかく怖い。怖いから『ごめんなさい』って謝って、痛いから『ごめんなさい、ごめんなさい』って言うけど、『そのごめんなさいに誠意がない！』って、もっと殴ってくる。機嫌によってはフルスイングもあって、さすがに殺意はないだろうけど、母娘の関係は一線を越えている感じでした。普通ではありませんよ」

異常な身体的虐待は日常だったが、父親は一貫して見て見ぬふりをした。暴力がはじまると娘への虐待を見たくないから、どこかに行ってしまう。父親に助けてほしかったが、結局、母親のことを注意したり、虐待を止めたことは死ぬまで一度もなかった。

3歳か4歳の頃から母親に勉強をさせられた。暴力的な母親がついて九九を覚えることからはじまった。間違えると平手打ちをされた。幼稚園時代に九九を覚えてからずっと勉強はできた。ずっとクラスのトップに近かったことで、母親は晃子さんに県内最難関のA高校に進学することを期待した。A高校は県内のトップブランドであり、老若男女すべての県民がすごいと褒め称える。

「母親だけでなく、親戚全員が学歴の話ばかりをする。学歴厨っていうんですか。うちだけじゃないけど、田舎はそういう家が多い。あの子はこの高校に行った、あの大学に行ったみたいな話ばかり。母親は思春期にグレて不良になったので、自分は高校中退。低学歴だったことでいろいろ悔しい思いをしたみたいで、私が勉強できると知ったら進学先は『絶対に、必ずA高校』って言いだした。それ以外は絶対にダメという感じでした。A高校にこだわる理由は、親戚、近隣、友だちに見栄を張るためです。それが本当にずっと続いた感じです」

見栄のためだけに進路を強要する母親

暴力的な母親による日常生活の些細なことでの身体的虐待は続いた。勉強が好きだった晃子さんは小学校、中学校の成績はそれなりの成果を残している。

「勉強系の虐待というか、おかしなことが起こったのはやっぱり高校受験が見えてきたあたり。中学2年生のときに塾に入れてもらったけど、やっぱり偏差値72の県立A高校に絶対に行けってなった。A高校は学区外、自宅よりも母親の実家に近い。母親のなかでは実家に居候をさせて、その頭のいいA高校に行かせるって計画をしていました。でも、A高校は学区外からは定員の5パーセントしか入学できない。その狭き門を目指したけど、学力は問題なくても、内申点が微妙だった。体育ができないので、どうしてもオール5みたいなことにならなかった。それで学区内のトップ校のB高校にしなさいって先生に強く言われて、それでB高校を受験することになったんです」

B高校の偏差値を見てみると、68と書いてある。東大進学者も数人出している。

「志望校がB高校に決まった三者面談の帰りに母親とタクシーに乗ったんだけど、

『お前には裏切られた。A高校以外は高校じゃないから、恥ずかしくて誰にもお前のことを話せない。本当に裏切られた。お前みたいな子どもを生むんじゃなかった』みたいなことを言っていました。B高校をクズとか言うのはおかしいと思ったし、母親は商業高校中退、父親の出身高校はB高校より偏差値が15以上も下なのにおかしいと思いました」

それから必死に勉強してB高校に合格した。報告に行ったとき、母親は「情けない。A高校以外はゴミ、恥ずかしい」と晃子さんに言ったという。

B高校は優秀な生徒ばかりだった。中学校時代のようにトップというわけにはいかなかった。A高校以外はゴミという意見を崩さない母親は、高校生になってからは国立大学の医学部に進学することを晃子さんに課した。

「高校時代に父親がリストラされた。契約社員になっちゃって、家の収入が激減した。国立大学の医学部は塾に行かないと無理だから、家が貧乏な状態のなかで塾には行きました。母親は健康状態が悪いので働けない。タバコの吸いすぎで肺がおかしかった。そんな状況だったけど、母親の強い要望で無理して塾に行くことになったんです」

母親は塾代がかかる晃子さんに対して、「お前はお金ばかりかかる」「金食い虫」「こんなにお金をかけて医学部に行けなかったら、お前は生きる価値がない」と口癖のように言いだした。

「目指したのは地方国立大学の医学部です。正直、メチャクチャ難しいです。塾にカリキュラムを組んでもらったけど、私、そこまで頭がよくなかった。理系だけど、理数の成績は普通だったし、どう考えても医学部に行けるとは思えなかった。現役では普通に落ちて、母親に『無能、生きる価値がない、恥ずかしい子ども、生むんじゃなかった』と罵られ続けました。母親が医学部にこだわる理由は見栄のためだけで、親戚とか友だちに自慢したいからってだけ。浪人のときもメチャクチャ勉強はしたけど、最終的には医学部は諦めました」

医学部は難しいことを母親に伝えたとき、台所でお皿を割りながら大暴れした。私立大学は絶対にダメだと言われているので、国立の医学部以外の大学を探すことになった。最終的に地方国立大学の農学部に進学している。

「浪人時代から『お前にはお金がかかる。出会い系で客を探して売春してこい』とか、『ソープランドでアルバイトしろ』とか言われました。『女子高生って嘘をつけば、高く売れる』とか。受験を前にそんなことはできないので、暴力を振るわれながら適当に聞き流して大学進学で実家を出ました。結局、大学院まで行きました」

実家から出て6年目、大学院時代に両親は亡くなっている。健康状態が悪かった母親は父親が死んで数カ月後、摂食障害となって死んでしまった。母親からは「お前には裏切られ続けた。就職だけはまともな有名企業に行ってくれ」と言われていたが、就職したのは中小の食品メーカーだった。就職先を報告したらボロクソに言ったであろう母親は、もう死んでしまってこの世にいなかった。

「母親が毒親だと気づいたのは死んでからです。自分の家は暴力がすごいし、メチャクチャ厳しいとは思っていたけど、異常とまでは思っていませんでした。今となっては愛情はないけど、憎しみみたいなことまで抱かなかったのは、母親と私が共依存みたいな関係だったからなのかもしれません」

晃子さんは給与も高くはなく、東京近郊で月5万円のアパートで暮らしながら、独身のまま39歳の年齢に至っている。社内の人間関係がこじれて精神疾患になってしまって、今は傷病手当をもらいながら休職中である。

「自分の人生がうまくいってるとはとても思えないです。なにが悪かったのか。どう間違ったのか。もしかしたら、B高校に進学したとき、母親に褒めてもらっていれば、もう少し豊かな人生になっていた気もするんです」

休職後、晃子さんは母親のことを思い出す機会が増えたという。

第四章　毒親の「遺伝子」

母親ゆずりの暴力性

毒親育ちの女性たちは散々振り回された親から離れて、逃げることができたとしても、その後の人生が決して明るいとは言えない。自分の人生に決定的なマイナスの影響を及ぼした母親のような大人にはならないと心に誓っていても、ふと気づくと母親と同じような行動をしている自分がいる。この章では憎悪の対象でしかないはずの母親と自分が、実は似ていると自認してしまったケースをみていく。

亜津沙さん(仮名、32歳)は、母娘のシングル家庭で育っている。18歳で家を出て母親と離れたが、その後の人生は波瀾万丈だった。仕事を転々としながら恋愛相手に刺されたり、詐欺加害者となって逮捕されたり、トラブル続きの厳しい人生を送っていた。

現在は亜津沙さんが犯した詐欺事件の被害者弁済と、クレジットカードのリボ払いが満額に達し、合わせて800万円の借金を抱えている。2021年にバンドマンだった恋人と入籍したが、夫と夫の家族、そして毒親だった母親との関係はうまくいっていない。

「旦那はバンドマン。要は無職です。別に好きでもないし、結婚もしたくなかったけど、誰か男の人がいないと生きていけない。寂しくてどうしようもなかったとき、たまたま近くにいたのが旦那だっただけ。母親と同じことをしているって自覚しています。本当におぞましいけど、似ています。似すぎています」

夫とは2年前に歌舞伎町の酒場で知り合った。そのまま意気投合して、亜津沙さんの部屋で同棲をはじめる。プロポーズされて同じ年の秋に入籍。関係は良好ではない。夫婦喧嘩がはじまると亜津沙さんが夫に暴言を吐き、思いっきり暴力を振るう。DVである。

「この前は元カノとかよくわからない女と遊んだりしていたから、普通にキレました。元カノとは別れたって言っていたのに、結局ずっと連絡を取っていた。ずっと相手のことを未練タラタラみたいなことをされて、さすがにもういい加減にしろって殴りました。隣で眠っていたので拳を振りあげて、普通に顔面をグーパンしました。騒いで殴りかかってきたから、ハサミで刺そうとした。刺そうと思ったけど、刺せなかった。だからメガネをひん曲げて、その写真をX（旧ツイッター）に投稿して捨てました」

亜津沙さんは夫を本気でハサミで刺そうと思ったという。取材は穏やかでない話からはじまった。どうして刺そうと思ったのか理由を聞いてみた。

「殺意まで行かなくても、なんとなく刺そうと思った。顔はかっこ悪いし、態度も悪いし、気持ち悪い。あと、なんだろう？　靴下は片づけないし、物は置きっぱなしで散らかすし、洗濯物を午前中に干してほしいって頼んでもやらないし、そういう些細なことが重なって、殺したいなって思いました。短絡的な考えとか、暴力性が強いとか、本当に母親と同じ。最悪なんだけど、同じ。その事実に絶望して何度も自殺未遂しているし、自分を変えたくてバカみたいに整形したけど、顔は変わってても母親と同じところはなにも変わらなかった。だから正直、死にたいと思っています」

亜津沙さんの家族構成を見ていく。18歳まで一緒に住んでいた母親（52歳）、それに父親違いの弟（10歳）と、徒歩圏内に祖母（75歳）の家がある。現在、母親は弟と二人暮らしで、弟は深刻なネグレクト状態となっており、亜津沙さんと祖母で弟の心配をしている。児童相談所に保護を依頼しているが、今のところ母親は弟を手放そうとしない。

「私が22歳のときに、母親が妊娠したとか言いだした。もう堕胎できない時期で、弟が生まれた。母親の彼氏、弟のお父さんとは毎日異常な喧嘩をしていて、児童相談所に10日間くらい保護されたこともあった。で、弟のお父さんは、何年か前に脳出血で突然死んじゃった。保険金が入ったことで、母親は突然教育ママみたいになった。お金もないのに私立の小学校に入学させたり、なのにネグレクトしてご飯を食べさせなかったり、メチャクチャでした」

母親は弟を、生徒数が数人しかいない不人気な私立小学校に入学させている。2022年、弟が小学4年生のときに学費が払えなくて退学。公立小学校に転校して、それと同時に母親は自己破産している。

今は都営住宅で弟と二人暮らしをしながら、非正規で介護職をしている。弟へのネグレクトは深刻で、とくに食事に問題があるという。食事抜き、お菓子だけ、アイスだけ、カップラーメンなどで、栄養的には給食だけが頼りである。弟は小学5

年生の平均身長、平均体重に遠く及ばず、小学3年生くらいの体格という。

亜津沙さんと祖母は弟のことを心配はしても、ネグレクトを注意したり、育児に介入することができない状態が続いている。母親はいっさい常識が通じない人間で、怒らせないように気を使って接している。

「私のときと同じで、弟を放置して男と遊んだり、男を団地の自宅に連れ込んだりしているみたいです。関係に波風を立てると弟を祖母の家に連れてこなくなるし、母親が癇癪《かんしゃく》を起こすようなことは言えない。母親との関係がおかしくなって、私と祖母が弟と離されちゃうと、弟が殺されるかもしれないから。今はそんな感じです」

パチンコしかしない母親と育ての父親

亜津沙さんは東京の城南地区出身で、地元に夫と2人で暮らしている。祖母が住んでいる母親の実家、母親と弟が暮らす団地は近くにある。

「さっき、祖母と話をした。祖母も母親のこと頭おかしいって言っていて、私の実父の話になった。その人もヒステリックな人で、突然車を蹴り飛ばすみたいな人だったらしい。私が生まれて赤ちゃんのとき、実の父親が私を投げて大ケガを負わせたって。そんな感じなので夫婦喧嘩が絶えずに離婚したそうです。それで母親は別の男性（育ての父親）と再婚して、そこから横浜で暮らしたことからは覚えています」

育ての父親は自動車工場の工員で、母親と同じ工場で働いたことで知り合った。「育ての父親はパチンカスで、借金を背負っていた。再婚したばかりの頃からお金のことで母親と喧嘩が絶えなくて、育ての父親はそれでも土日には必ずパチンコに行った。朝から晩まで一日中で、1円パチンコとかなかった時代だからメチャクチャお金を使う。母親はたまに渋々働くけど、やるのはトラック運転手か介護職か保険の仕事。でも、働きたくないので、気まぐれですぐ辞める。祖母は『仕事なんて休みなさい、さぼりなさい』みたいな人だから、社会人は真面目に働くみたいな価値観が母親にはない。そんなんだから、パチンカスの育ての父親と気が合ったんじゃないですか」

育ての父親はパチンコ店以外には行かなかった。休日は家族3人でパチンコ店に行くこともあって、2人は亜津沙さんを無視してひたすら打っている。そして、負けるとイライラしている育ての父親と母親は、怒鳴り合いの喧嘩をした。

「パチンコに負けたからお前の食事はなし、みたいな。そんな感じでした。こんなパチンコばかりやっていて大丈夫かなって子どもながらに思っていた。やっぱり小学校に入るくらいにダメになった。横浜から城南地区のボロボロのアパートに引っ越して、広さは6畳1間しかない。そこにすごい荷物があった。本当に狭くて、荷物だらけ。臭いし、ゴミ屋敷みたいな感じ。倉庫よりひどい。荷物だらけで埃まみれの家に母親と育ての父と暮らした。荷物に圧迫されて、布団の上だけが居場所みたいなところでした」

アパートに灯油を撒いて放火

亜津沙さんが母親から受けたのはネグレクトである。自己中心の母親は子どものことを優先して行動することはなく、常に自分がどうしたいかだけだった。夜遊び、パチンコ、不倫と、家族の存在を無視して遊びのフルコースをする。

「母親は遊び好き。居酒屋に飲みに出かけたり、どこかに遊びに行くときに私を連れて行く。理由は、遊び友だちに子育てアピールがしたかったみたいで、なんかいろいろ私を連れて行く。自己中で自分勝手なので、私が病気しているのに花火大会に行くとか、居酒屋で深夜どころか朝まで飲むとか、そんな感じの生活が続いた。結局、小学5年生のときに新しい男をつくってどこかに消えちゃった。しばらく、祖母の家で暮らした」

母親は決して美人ではない、小太りの普通の中年女性だという。既婚者なのに彼氏をつくる。子どもがいるのに男と外泊する。育児は二の次、三の次という生活を徹底していた。

そんな母親だったが、亜津沙さんが小学5年生のとき、家族を6畳のアパートに置いて男とどこかに消えてしまった。

「育ての父親がどうして離婚しなかったのかわからない。育児よりも友だちと遊ぶことを優先して、男をつくって、育ての父親と2人で置いてかれた。母親が浮気して帰ってこなくなっても、育ての父親は毎日パチンコに行って帰ってこない。毎日毎日、お金が机の上に置いてある。2人とも帰ってこなくなって一人暮らしみたいになった。夏休みだったけど、食べ物がないから10キロ痩せた。2週間くらいそんな生活をして、最終的に育ての父親に祖母の家に連れて行かれた」

祖母の家で2人で暮らしている時期、今度はいきなり児童相談所から連絡がきた。母親は「娘が言うことを聞かないので育てられない」という趣旨のことを児童相談所に伝えて、絶対に育てられないと主張していたという。

「母は嘘つきなんです。自分の行動を正当化するために、周囲の家族をネタにして嘘をつくって自己正当化する。男とどこかに逃げたのは私のせいで、児童相談所はそれを信じた。児童養護施設に送るか検討されたけど、祖母が出てきてなんとか食い止めてもらった。

母は男が好きで、実際に男がバンバンできる。全然、美人じゃないです。当時はトラック運転手をしていて、その職場は男しかいない。女が一人という環境で、たぶん次々男ができるみたいな感じだって、祖母が言っていた」

育児放棄と男と駆け落ちで家からいなくなって、母親は本当に1年ほど帰ってこなかった。

「1年間くらい会わずに暮らしてたら、小学5年生の終わりに、私が6畳のアパートでテレビを観ているときにいきなり帰ってきた。母親が部屋に突然乗り込んできて、すごい剣幕で『うわーっ！』て泣き叫ぶ。母親は当時30代で若かったから気持ちはわかるけど、どうも男にフラれたみたいだった。今度は泣きながらいきなり包丁を突きつけられて、『これからお前と一緒に死ぬ。お前がいるから男にフラれた』みたいな感じで殺されそうになった」

小学6年生から亜津沙さんは祖母の家で暮らし、母親は6畳のアパートで一人暮らしをするようになった。気づいたら育ての父親はいなくなっていたという。

「祖母とアパートに行ったんですよ。そうしたら母親は当時付き合っていた男とオーバードーズしていて、母親と男が倒れていた。ヨレヨレでトーヨコの子どもみたいな感じで、うわーっと思いながら祖母が救急車を呼びました」

母親はオーバードーズで発見される直前に、アパートに灯油を撒いて放火をしようとしていたという。すでに警察沙汰になっており、事情聴取が終わった直後に薬を飲んで、オーバードーズになった。

たまたまライターを持っていなかったことで放火は実行できなかったが、アパートの家主は被害届を出した。母親は何度も警察署に呼ばれたが、逮捕されることはなく示談で済んだ。どうしてそんなことをしたのか母親が語ることはなく、亜津沙さんもわからないという。

「ヤリマン」の母親は、親ではなくただの知り合い

一人暮らしをはじめた母親は、6畳の足の踏み場もないボロアパートに次々と男を連れ込むようになる。男は40代、50代で、母親より年上の肉体労働者風のおっさんが多かった。

「男がしょっちゅう変わる。母親が一人暮らしして、お正月に遊びに行ったんですね。そしたら家に知らない男がいて、半裸だった。たぶん、セックスが終わったばかりみたいなタイミングだったと思う。それで母親の携帯を見たら、その男とのハメ撮りが出てきた。その男は既婚者で、男の奥さんから訴えられて母親と祖母で慰謝料を払ったりとか。中学生の頃はなにもかもがメチャクチャでした。まともな親

とは思ってなかったけど、やっぱりまともじゃなかった。祖母も母親のことを、『あの淫乱女』とか『アバズレ』とか『アレがうまいのかしら』とか言っていた」

母親はいわゆるヤリマンという類の女性である。次から次に男と肉体関係になって、ハメ撮りも受け入れる。母親が家に連れ込む労働者風の男たちは清潔感がまるでなく、中学生の亜津沙さんは本当にうんざりしたという。6畳1間、老朽アパート、半裸の肉体労働者、ヤリマンでだらしない子持ちの中年女――まさに薄汚い最底辺の風景があった。

「母親がヤリマンだってことに気づいたあと、母親に対してなんか見る目が変わった。見下すようになった。そこから、母親を親と思っちゃいけない自覚が生まれた。毒親育ちって親に集中して期待しちゃう。親っぽくしてほしいとか、褒めてほしいとか、優しくしてほしいとか。叶わない理想がある。でも、母親がヤリマンということに気づいてから、こいつはダメだと思えるようになった」

亜津沙さんは母親の男の連れ込みがピークだった中学生時代に、母親が暮らすアパートで3人の労働者風の男を見ている。全員、ブルーカラーだった。そのなかの一人は亜津沙さんの前で下半身を露出したり、自分の性器の写真を見せてケラケラと喜んでいた。男性器を見たのは、それが初めてだった。

「母親とセックスしていた男はトラック運転手か介護職。お金のない労働者のじじいがセックス目当てに、手頃な母と付き合ったみたいな感じだと思う。本当に汚かった。この頃から母親のことを親ではなく、ただの知り合いだと思うようになりました。そう、割り切りました」

亜津沙さんは中学校にあまり行かなくなり、友だちと夜遊びするようになった。高校生になってからは歌舞伎町にも出入りするようになって、高校は中退している。母親と距離を置いて、外の世界と繋がるようになってから、母親と自分の類似を自覚するようになる。

母親と同じ「ヤリマン」「嘘つき」に

「母親は怒鳴り散らすのは当たり前。物を壊したり、ヒステリックになったり、悪口で人を傷つけたり、そういうことを当たり前にやる。そんな母親に育てられて、私も相手を傷つけるとか当たり前になっていた。いちばん最初に自分の異常さに気づいたのは、高校生のときに彼氏ができてから」

２歳年上の恋人ができた。その男性に異常に執着した。１分１秒でも彼氏と一緒にいたくなって、分単位で束縛するようになった。携帯電話で30分毎に連絡をさせたこともある。

ネグレクトや過干渉、虐待で毒親に支配されて育った子どもが、恋愛相手に対して過剰な干渉や束縛をするのはよく聞く話である。例に漏れず、亜津沙さんもその傾向を踏襲しながら、さらに自らの欲望だけを求め続ける母親の自己中心性も受け継いでしまう。

「ストーカーみたいになった。それに彼氏に対して徹底的に束縛しているのに、ほかの男ともセックスをしたいみたいな感じになった。どんどんほかの男と肉体関係になって、ヤリマンみたいになった。彼氏に執着していたのに別の男もイイみたいな感じになって、ほかに遊べる男がいたらそっちに行って、でも一応彼氏はキープするみたいな。相手のことは徹底的に束縛して、自分はヤリマンみたいになるっておかしいと思って、母親と同じことをしているって気づいて、愕然としました」

最愛の彼氏がいるのに浮気を繰り返し、自分は浮気をしているのに相手のことは徹底的に束縛する。相手が自分の思い通りにならなかったら暴言を吐く。自分の行動が矛盾しているので、相手に徹底的に嘘をつく。嘘をついて自分の行動を正当化する。嘘で嘘を塗り固めて自分でもなにを言っているのかわからなくなった。

「私は母親と同じヤリマン。そして母親と同じ嘘つきだって理解しました。それで18歳のとき、付き合っていた彼氏から刺されたこともある。別の彼氏には、バツイチであることを隠されてて、それを知った私がキレて、相手もキレて刺された。全然痛くなかった。『もっと刺せ！　殺せ！』って叫んだ。そのとき、私は異常な人間なんだって自覚した。母親と同じどころか、母親以上におかしいかもしれないって。死にたいと思いはじめたのは、そのときからです」

亜津沙さんは「最悪な遺伝子を受け継いで、最悪な血が流れている自分は、生きていてもしょうがない、死んだほうがいい」と思っている。それから職業を転々として、好きでもない男と入籍したのが現在である。明日にでも死んだほうがいいと思っているので、誰と結婚しようが入籍しようがそれほど重要な問題ではない。今現在の寂しさみたいなものを埋めるために刹那的に生きて、死への覚悟はできている。

「母親と自分が同じような人間だったら死んだほうがいい、というのは、今でも変わらないです。そう思っています」

自分はどうなってもいいと思っている亜津沙さんにも、大きな心配があった。母親がネグレクトをしている10歳の弟のことだ。弟だけは、絶望の遺伝をまぬがれて普通に成長してほしい、そう願っているという。

死にたいのに生きている死体のような生活

風俗嬢の珠美さん(仮名、36歳)とは、数年前、ある雑誌でAV女優のインタビュー連載をしていたとき、元企画AV女優として出演してもらったことがあった。珠美さんは毒親育ちだった。珠美さんにとっての毒親は父親で、関係性の破綻を超えた憎悪と怨念を抱えていた。

どうしてこういう流れになったのかはっきりしないが、珠美さんの取材は、深夜の車中、2人でドライブという状況で行われた。外は雨だった。

「アダルトビデオをバリバリやっていたのはもう10年以上前。全然そんな膨大な時間が経ったとは思えないよ。声がかかればさ、今でも出たりしている。裸以外の仕事はちゃんとやったことないし。何年前かな、30歳すぎたあたりから頭がおかしくなって、実は3回自殺未遂しているのよ。あたしの場合は本当に、自分が生きているのが許せない感じだから、確実に命を絶ちたいと思ってやっている。でも、生きちゃってさ。死ねなくて、死ねなくて、死ぬことすらできないことがショックでさ。つらいし、情けないし、つまらないし。死にたいのに生きているから、死体のような生活だよ」

珠美さんは企画AV女優の仕事が少なくなってから、東京を離れて名古屋で風俗嬢をしていた。数年間、名古屋で暮らしたが、精神疾患になって働けなくなり、東京に戻っている。

「うつでどうしようもなくなって、東京に帰ってきたの。向こうで生活が破綻して、脳みそが破綻して、どうしようもなかった。ある日、立つこともできなくなって、どうにもならなくて実家に戻った。実家に頼るなんてあり得ないけど、情けないけど、生きていけないから仕方なかったんだよ」

珠美さんには男運がないらしく、男との恋愛関係のもつれがうつの原因だった。

「競馬のやりすぎで借金こさえた既婚者の男がいてね、そいつが離婚したんだけどね、3年間くらい片思いしていたの。1年間は、一緒に住んだかな。向こうは奥さんや子どもとも別れて、あたしも修羅場とか嫌いなので、今しかないって思って一緒に住んだわけ。毎日やってくる借金取りから匿《かくま》ってさ、風俗やってなんとか稼いで、借りたお金を返してさ、さらに競馬のお小遣いまであげてやっていたのね」

名古屋で甲斐性のない男を、自分のカラダを売って支えていた珠美さんは、高校中退後に性風俗、企画AV女優と、社会の底辺を這いつくばって生きてきた女性である。

「ある日、向こうが働けない自分が嫌になったらしくて、あたしを殴りはじめたの。このままじゃ殺されるって家出したんだよ。三重県の伊勢市にさ。別居というか出て行ってからも、その人にひたすら仕送りしていたんだけどね。この人はお金ないとダメと思ってさ、ひたすら毎月20万円とか送ってた。

伊勢市駅まで自転車で1時間かかる家にあたしは住んでて、朝5時に起きて、毎日3時間かけて、名古屋の人妻ヘルスに出勤してた。伊勢市の家に帰るのは22時。もうギリギリみたいな感じの毎日だった。結局、ストレスと疲れで頭がおかしくなっちゃって、東京に帰ってきたのが2年前。東京に帰ってからは、完全に屍《しかばね》だよ」

3度の自殺未遂は東京に戻ってからだという。最近のことだった。

「なにもする気が起きなくて、風呂も週1とか。単純にうつすぎて動けないの。まともに動けるようなったのは東京の実家に戻って数カ月してから。そう、うちのクソオヤジが、私が家にいるのが鬱陶しいって騒ぎだしたからリスカして、あと服毒したり。もう生きるつもりは全然なくて、絶対に死のうと思ってるけど、死ねないで生きちゃってるの。でも、あの男、父親だけは絶対に許せない」

父親を心の底から恨んでいるようだった。父親という単語に怨念のような感情がこもり、聞いているこちらがゾッとするほどだった。

「クソオヤジ、実の父親、人間のクズ、鬼畜。あの男のせいでなにもかもがメチャクチャだから」

生きるつもりがないほど絶望していた。その原因は、実の父親にあるようだった。父親という言葉が出てきてから、すべてが重苦しくなる。

子どもを人間と思っていないクズ親

珠美さんの家庭環境は複雑だった。3姉妹で、珠美さんと妹がトラックの運転手をしている父親の娘であり、姉は父親とは血が繋がっていない。

「父親だけじゃなくて、両親とは昔から仲が悪い。というか、娘を生き物として認めてない。あたしに対して感情がないから、あの人たちにとって、あたしは生き物じゃないんだと思う。子どもの頃はずっと自分が人間じゃないって思っていた。両親は無償の愛とか、そういうのに欠けている、本能的な愛とかがまったくない人たち。

そもそもあの人たちが結婚したのは、母親の連れ子を父親が狙っていて、母親がそれを知りながら父親のとこに転がり込んだ、みたいな感じで。父親が狙っていたのは、姉。前の夫の娘を連れてきた母親が『この子が大きくなったら、この子と結婚していいから』と言って一緒に住んだ。普通、そんな交換条件ないでしょ。当時、姉は7歳かなんかで、クソオヤジはその話を真に受けて母親と結婚した。腐っている。ろくでもないクズ。自分の娘を差し出して、最悪なあのクソオヤジと再婚した母親もクズ、クズすぎる」

珠美さんが嫌悪している父親のことを母親は愛している。母親はどうしても父親と離れられない。これがのちに父親によって珠美さんの心が崩壊させられる起因だった。

「小学生からずっと小遣いなし、私立高校はいっさいダメ。どうしても高校に行くなら都立で歩いて行けるとこ。電車とかバスとかお金がかかるから絶対乗るなって。貧乏もそこまでいけば笑っちゃうよ。子どもを人間と思っていないクズ親を、昔から憎くて憎くて、憎くて憎くて、バカじゃねえの！ってずっと思っていた。歩ける都立がレベル低くて、やりたい部活はあったけど、合宿費用がかかるからダメって。

両親になにもかも潰された。結局、高校中退してフリーターになって風俗、みたいな感じ」

当時、珠美さんは東京の練馬区に住んでいた。貧しい再婚家庭だった珠美さんはイジメのターゲットになった。

「姉もあたしもイジメられっ子だった。学校って階段吹き抜けじゃん。3階から2階に唾落とされるとか、貧乏で着るものもなかったから、『汚い、汚い』って言われてね。『なんとか菌』とかもね。その頃から活字中毒になって、ずっと本を読んでいるだけの暗い子だったんだよ。変わった子どもってイジメられるから、さらにエスカレートしてさ。トイレに連れてかれて水かけられてブラ透け透けにされるとか、ランドセルを蹴られてひっくり返されたり。そういうことがあったから、風俗にすぐハマっちゃったんじゃないかな。人から必要とされることがうれしいっていうか、評価がうれしかったんだろうね。最初に勤めたのはピンサロだったけど、天職かも、くらいに思ったもん」

19歳でピンサロ嬢になり、ヘルスからソープまでのフルコースを経験した。そして、21歳で企画AV女優になった。

「実はあたし、バツ2なのね。風俗を始めたのは19歳だけど、風俗やる直前に知り合った男と勢いで結婚して、嫌になって離婚した。男と別れてこのカラダはもうあたしのものだ、旦那との共有物じゃないって思ってさ。そんで、渋谷に『日給3万円以上』って看板があったわけ。行くよね。

結婚って、我慢しなきゃいけないことがいっぱいある。乗り気じゃないときもセックスしなきゃならないとか。旦那は別に悪い人じゃなかったけど、たぶん男友だちでいるべき人と結婚しちゃった。だから結婚してすぐにセックスが苦痛になって、『俺のこと愛してないの?』って言いだした。毎日してるから子どもができて。あーあーって妊娠検査を見せたら、そいつ『心当たりない』って言ったのよ。それで心から嫌になっちゃった」

堕胎して、すぐに離婚した。離婚届を提出した帰り、「日給3万円以上」の渋谷のピンサロ嬢になった。

「旦那とヤルより遥かに喜ばれるし、こんな自分でも人を喜ばせることができるって感動した。あたし、高校生のとき看護師になりたかった。人に奉仕する風俗は、性に合っていると思ったよ。ピンサロとかさ、お金のない体の不自由な人とか来るわけ。ほかの女の子は気持ち悪いとか、嫌がる。でも、あたしは喜ばれてうれしかったよね。その人は、頑張ると喜んでくれてさ、ほとんど毎日来てくれた」

障がい者の人に喜ばれてとことん通ってもらってナンバーワンになった感動が、今でもカラダを売り続ける理由の一つだった。裸の世界を続けるのは、裸の世界以外に自分を必要とされる場所が見つからないことが理由だった。

一方、絶望して自殺未遂を繰り返すのは、父親が原因だと珠美さんは言う。いったいなにがあったのだろうか。

姉を犯し続けた「ド鬼畜のクソオヤジ」

雨をくぐり抜けて、車は珠美さんの故郷である練馬に到着した。

「ちょっと近くだから、あたしが子どもの頃に住んでた家に行ってみない？」

そんなことを言いだした。道案内されながら川越街道を走り、自衛隊の駐屯地を越えたあたりで曲がると住宅地となる。幅が4メートルない入り組んだ道をゆっくりと走ると、古いアパートばかりの昭和に戻ったような一角に突入した。どこを曲がっても同じような風景で、目印になるような店や自動販売機などはない。

ここに来たのは20年ぶりらしく、珠美さんの記憶も定かではなく、家の前に大きな駐車場があったというだけの記憶を頼りに、ずいぶんと住宅地を走り回った。

「あー、あった」とうれしそうな声。珠美さんが指さした先を見ると、冷蔵庫や鉄くずが廃棄されたゴミ捨て場のような駐車場の奥に、老朽化した木造アパートがあった。家の前は舗装されておらず砂利のままで、郵便ポストは赤いメッキが剥がれて錆びていた。低所得を象徴するようなボロボロの家だった。

「全然変わってない、20年前からこのまんまだよ。ホント、気持ち悪い。クソオヤジを思い出しちゃったよ」

珠美さんは木造アパートの裏に回って、いちばん奥の部屋を指さした。十四号室。現在も誰かが住んでいるようだった。

「姉ちゃんね、犯されてたの。ずっと」

十四号室を眺めながら珠美さんは、突然怒気がこもったたった声で言った。

「犯されてたの。あのクソオヤジにね」

数十年前。目の前の十四号室で、悲惨な強姦が日常的に繰り返されていた。

「いつも姉ちゃん……ね、悲鳴あげてた。イヤって」

姉は珠美さんより10歳年上だった。姉の悲鳴を聞くようになったのは、小学校低学年頃からだった。午前中、母親が近所の工場にパートに行き、姉妹3人と働いていない父親が狭い十四号室に残される。父親は「しっしっ」と言って犬を払うように下の妹2人を台所に追い払って、乱暴に和室の扉を閉める。そして、しばらくすると、悲鳴が、嗚咽が、泣き声が、部屋の奥から聞こえてくる。

「あの野郎、姉ちゃんを犯していたんだよ。ド変態、ド鬼畜。死んだほうがいいよ。あたしね、姉ちゃんを助けることができないでさ、怖くて怖くて怖くて怖くて……泣いてばかりいてさ、耳を塞いで逃げていたの」

珠美さんは姉の悲鳴が聞こえたとき、ゾッとするほど怖ろしくなり、命の危険を感じた。妹を連れてトイレの窓から逃げ出したこともあったという。

「あのクソオヤジ、暴力がすごかった。あたしと妹は毎日毎日、殴られていた。だけどね、だけど姉ちゃんは殴られるどころじゃなくて、犯されてたの、クソ狭い部屋でさ。そんなことがあったわけ。そのクソオヤジがド鬼畜なのは、姉ちゃんを犯したことをいつもベラベラ、ベラベラうれしそうに家の中でしゃべってて、『挿れたのは18歳になってからだ！』とか偉そうに言うわけよ。ド鬼畜のクソだよ！　人間じゃないよ！

姉ちゃんは18歳のときに子どもを堕ろしてるけど、怖ろしくて真相なんて聞きたくないけど、そういうことなんだよ。姉ちゃんね、ヤラれてるとき、怯えた犬みたいな声出すの。子どもだったけど、どれだけ怖ろしいことが扉の向こうで起こっているのか、十分わかっていたよ。いつか自分の順番がくるんじゃないかって、怖くて、怖ろしくて。ホントは姉ちゃんを助けたかったのに、怖くて怖くて放って逃げちゃったの。この家からあの道まで何メートルかしかないのに、すごく遠くてね」

玄関のすぐ隣にトイレはあった。トイレの窓は30センチくらいしか幅がなかった。擦り傷をつくりながら、必死になって窓から逃げる子どもの姿が思い浮かんだ。

十四号室の窓にはカーテンがかけられ、奥には明かりがついていた。どんよりと嫌な空気が漂う悲しみの詰まった木造アパートを眺めて、だんだんと時間の感覚が失われていった。数十年前の珠美さんが見た絶望的な風景がぼんやりと浮かんできて、最悪な気分になっていった。

愛犬を殺された怨念

「全部ここなの。あたしは、ここから抜け出せないとなにも始まらない……」

振り向いて珠美さんの顔を眺めた。薄暗い街灯にわずかに照らされた顔は、涙で濡れていた。目尻に涙を溜めて、悔しそうに泣いていた。あまりに苦しそうな表情に、息が詰まった。数十年前の怨念が木造アパートの寂れた板や舗装されていないゴミ捨て場のような駐車場に染み込み、大人になった珠美さんに憑依してしまったかのようだった。

「……ララちゃん、ホントごめんなさい……」

泣きながらなにかを思い出したようにつぶやいた。

ララちゃん？

「うぅっ……ララちゃん、ララちゃん……」

ララちゃんと、何度もつぶやいている。突然取り乱した珠美さんに、落ち着くように言った。珠美さんはそのまま泣き崩れた。このアパートから離れたほうがいいと思い、珠美さんの腕を摑んで少しだけ明るかった曲がり角に向かった。

「クソオヤジ、姉ちゃんを犯してたのが母親にバレてさ、あたしが9歳のときに別れたのね。けど、2年で復縁したの。『お父さんがいたほうが……』って母親はしきりに言っていたけど、実際は単なる自分の都合。あのクソオヤジから離れられないんだよ。あたしは『なにそれ、ふざけたこと言わないで！』って怒ったけど、子どもの意見なんて通るわけなくて、また復縁したの。あのクソオヤジがいなくなったときは、ホントに天国だったのに。死にたくなるような地獄の日々に逆戻りした」

父親がいなかった天国の2年間、珠美さんたち一家は埼玉県の一軒家で暮らしていた。

「クソオヤジと母親が別れてる間、このボロアパートから引っ越して、一軒家だったから庭があってララちゃんって犬を飼ってたの……ララちゃん、そうララちゃん」

再び涙が止まらなくなった。なにかを思い出して、涙腺が切れている。

「2人が復縁するに当たって、埼玉の家を引き払わないといけないって。クソオヤジが、『次に住むところは犬が飼えない』って言ってきた。それで、ララちゃんはね、殺されたの。ララちゃんは自分のこと、全然わかってなかったと思うのね。その日、死ぬなんて。親が安楽死させるって勝手に決めて、逆らえなかったの。あたしらにできることってなんだろう？って考えてさ、貯金箱に貯めてた小銭をかき集めて、肉買って、牛肉と豚肉を茹でて食べさせてあげたの。ララちゃん、最後の晩餐って知らないでさ、すごく喜んでバクバク食べてた。

食べ終わった頃に、我が物顔でクソオヤジが来たの。ララちゃんは連れて行かれて、クーンって泣いてて。病院に行って帰ってきたら、シーツに包まれてた。硬くて、冷たくて。なんでクソオヤジが死なないんだろうって思った。勝手に殺したの。お利口な犬じゃなかったけど、すごいかわいかった。許せない。絶対、許せない。あたしはあのときから、こいつら絶対に許さないって決めたの。あたしにはなにしてもいいけど、ララちゃんにしたことは許せない。あれから何十年も経っているけど、あたしは絶対ララちゃんのことは忘れられない」

返す言葉がなかった。

恐怖と、そして大切なものを奪われた恨み――10年経とうが、20年経とうが、怨念は消えない。一片の希望もない絶望だけの思い出に触れて、背筋が寒くなった。

憎い父親そっくりな顔に生まれた悲劇

深夜2時を過ぎていた。車で帰路につく。深夜でもそれなりに交通量の多い川越街道は、珠美さんの心情を描写しているかのように静まり返っていた。

「生まれてから今まで、あまりにも醜いものしか見てこなかった気がする。だから、せめてきれいなものを見て死のうと思うのね。死んでもいいかなと思ったのは、もうずっと前だよ。20年くらい前かもしれない。きれいなものを見ると、なにか背中を押されて死にたくなるの。今がチャンス、みたいな感じ。だから桜の季節とかは危ない。とくに夜桜とか、引きずり込まれそうで怖い」

最後の最後、深夜の車中で、どうして死を決意するほど絶望しているのか、珠美さんは語ってくれた。

「この世から消えたいとは思っているの。消えるとしたら自分で死ぬ。自分の意思で消えるだけで、自殺したいわけじゃないの。『ここでいいや、人生』って思ったとこで死ねればいい。どうせ死ぬなら美しいものを見て死にたい。最後だからね。あまりにも世の中が汚い、淀んでいるので嫌なの。こういう話も美しくないじゃん。だから話してるのとか、すごい嫌。生きていても嫌なことしかないけど、そのなかで特別に、一番に嫌なのはクソオヤジの血を継いでいる、自分の存在。あたし、クソオヤジに顔がすごい似ているの。言いたくないけど、そっくりなの。だから、この世からいなくなりたい。だから、結婚しても子どもだけはつくらない。あんな男の血を継いでいる子どもを愛せるわけないし、殺したくもなるだろうし、そんなことを背負うのは耐えられないから」

父親の血を継いでいる珠美さんは、自分自身を全否定していた。裸の仕事で他人に必要とされて、ささやかな喜びと充実感でなんとか命の終わりを延ばしてきた。

憎んでも憎みきれない父親の遺伝子を濃く受け継ぎ、そっくりな顔に生まれた悲劇。そんな自分自身を憎むしかない無常。この世から消えたいと思い続ける珠美さんは、あまりにも悲しい。

祖父が死んではじまった壮絶な身体的虐待

リモート取材で大阪市在住の晴さん（仮名、44歳）と繋がった。晴さんは大阪市生まれの在日韓国人だという。バツイチの美人で市内のマンションで一人暮らし。会社経営をしており、事業は順調だという。

「家族はもともと祖母と母、私、8歳下の妹がいて、女4人ですね。母も祖母もそれぞれミナミのクラブホステスでママをやっていた。2店舗の経営者ですね。本格的な水商売家庭です」

祖母と母親が経営していたのは韓国クラブで、2人とも美人だという。

晴さんの父親は日本人だが会ったこともなく、存在すら知らない。戸籍上は父親の名前はなく、生まれたときから女だけの家庭で育っている。母親も妹も戸籍に父親の記載はない。

「幼稚園くらいまで、おじいちゃんが一緒に住んでいた。おじいちゃんは祖母の彼氏で、私とは血は繋がっていません。そのおじいちゃんが私の面倒をみてくれたけど、病気か老衰で死んで、そこから祖母と母の殴る蹴るの虐待がエスカレートした。それまでは祖母や母が暴力を振るっても、おじいちゃんが止めてくれていた。母のことを一喝して助けてくれた。でも、それがなくなって暴力まみれになった」

血の繋がらない祖父がいなくなってから、壮絶な身体的虐待がはじまった。晴さんは本当に些細なことで暴力を振るわれることになる。買い物を間違えた、散らかっている、電気をつけっぱなしなど、なにかしら注意されて殴る蹴るの暴力となる。

「更年期障害もあったかもだけど、祖母も母もすごかった。すごく暴力的な人間、普通じゃないです。虐待は突拍子もなくはじまる。いつ、なにが引き金となるかわからないんです。ただ外を眺めていただけで、勉強しろって殴られることもあった。わかりやすくいつも殴られていたのは、タバコの灰皿を片づけなかったとき。水商売の家庭っぽいですよね。灰皿の片づけは家の仕事として私が任されていて、タバコが溜まっているとメチャクチャに怒られた。殴られながら、説教されながら、3時間正座とか。身体的にも、精神的にも祖母と母の両方で追い込んでくる」

祖母に殴られてから、母親に蹴り飛ばされる。そんな日常だった。家庭内にはヒエラルキーがあり、祖母がトップに君臨し、その右腕として母親、いちばん下に奴隷のような立場の晴さんがいた。

小学生になってからもハードすぎる虐待は続いた。当たり前だが、小学校は自分の足で登校しないといけない。しかし、晴さんは始業時間までに登校することができなかった。

「幼稚園とか保育園は送迎車があったけど、小学校は自分で朝早く起きて登校する。祖母と母が夜の仕事だから生活が昼夜逆転してて、2人が帰ってくるのは深夜2時、3時。だからその時間から夕飯がはじまったりする。真夜中にすきやきとかしゃぶしゃぶみたいな、贅沢な夕食がはじまることもよくあった。子どもだから早く寝なさいみたいな意識は誰もないから、毎日が夜更かし。それで朝起きて小学校に行くことがどうしてもできなかった。でも私が学校に行ってないってバレたら、母に半殺しの目に遭う。『行ったよ』って嘘をつくしかない」

暴力のないネグレクトはうらやましい

半殺しとは、いったいどんな暴力なのだろうか。

「小学校までは手で殴られてたけど、殴ると手の血管が切れるらしい。高学年になってからは紫色になっちゃうからって、物差しとか布団叩きで殴られるようになった。本気で殴ってくるけど、木製なのですぐに折れる。また折れた、また折れたって、そんな感じ。ひたすら物差しとか布団叩きで折檻される」

幼少期、晴さんは恐怖で怯えるだけだったが、あまりに殴られ続けると、だんだんと恐怖の感情だけではなくなる。ひたすら暴力の的になると、幼いながらも恨みの感情を抱きはじめ、「本当に殺されるかもしれない」という不安も芽生えた。逆に、加害者である祖母や母親の殺意を察知することもできるようになった。

「小学校の高学年になってからは、眠るとき、枕元に金槌を入れてました。寝ている間に祖母や母に襲われるかもしれない、本気でそう思ってた。実際に祖母は家に帰ってきて機嫌が悪かったら、私の部屋に来て馬乗りになって殴ったりした。いざとなったら金槌で抵抗して、殺すか殺されるかくらいの覚悟はしていました。明日生きていけるかな、みたいな。

祖母と母に2人がかりで殴られるときは、痛さも恐怖も2倍以上でした。母が私を押さえつけて抵抗できないようにして、祖母がビンタとか道具を使って折檻とか。2人で時間をかけてじっくりリンチとか。だからネグレクトみたいな状態は寂しいもなにもない。うらやましい。そのほうが安心できるので、家には誰もいないのがいい」

2022年度の虐待相談件数は21万9170件と凄まじい数となっている。1990年から32年連続で増えており、結果、虐待が社会問題となった。

被害者だった子どもが親になって加害者になる虐待の連鎖や、家父長制や長男文化の影響など、様々な原因が指摘されている。

壮絶な身体的虐待の被害者だった晴さんはこう語る。

「祖母も母も麻痺していた。虐待が当たり前、日常みたいな感じ。もともと韓国の家庭は女性や子どもに手を出す文化があった。親とか年長者を敬うとか服従するって考えの影響、儒教っていうんですか。そういう悪しき文化が根づいていることが根本的な原因。だからゴミみたいなおじさんが偉そうにするとか、娘を毎日、理由なしに殴るとか異常なことが起こってしまう。祖母も母もその異常が日常で、私もその異常な日常に慣れていって、うちの家庭はどんどんエスカレートした」

祖母は晴さんの母親のことを虐待して育てたという。24年後、今度はその娘の晴さんが次の虐待の標的になった。母親は晴さんを産んだことと、クラブホステスとなって祖母のビジネスパートナーになったことで、虐待されることを免除された。そして、加害者側に回った。そういう家族だった。

祖母と母親の影響で狂犬のような人間に

晴さんの実家は7LDKの大豪邸だった。祖母、母親それぞれがウォークインクローゼット、高級外車を所有していた。祖母と母親は服装にはうるさく、晴さんに子どもの頃からハイブランドの洋服を着せた。小学校に行くときはピアノの発表会のようなドレスを着て登校した。

「華やかな洋服を着るのは悪い気分はしないけど、私自身がメチャクチャ傲慢《ごうまん》な子どもに育っていたんです。家政婦さんに偉そうにしたり、とにかく上から目線で、家政婦さんを次々やめさせちゃう。上下関係をつくって偉そうにするみたいな。祖母と母にされていることを、暴力以外そのまま家政婦さんにやった。とことん常識がなかったし、性格がとにかく悪かった。祖母と母の傲慢さを受け継いで、それが矯正されたのは30歳を越えて離婚を経験してからです。それまでは常識、道徳、貞操観念、なにもない野生児みたいな感じでした」

母親は恋人や彼氏ができると、すぐに自宅に連れてくるような女性だったという。毎年、義理のお父さんが新しく現れる家庭環境で、男たちは母親に紹介された日から晴さんが暮らす大豪邸に住みついた。小学校から中学校までに10人以上の男が〝義理の父親〟としてやってきた。

「毎年、お父さんが替わる家庭。なんか、突然男の人が現れて、『今日からこの人お父さんだから』みたいな。夜は祖母も母も出勤していなくなるので、いつもその人たちと2人きり。知らないおじさんと2人きりになって、レイプはなかったけど、カラダを触られたり、お風呂を覗かれたり、裸にされたりとかは頻繁だった。とにかく気持ち悪かった」

母親の彼氏は40代、50代の中年男性で、ヤクザっぽい不良からサラリーマンまで様々だった。貧乏人、ブルーカラー、下層男性はいなかったが、ほぼ全員がスケベで女好きだったという。子どもである晴さんに好意を寄せて性的虐待をする男性は1人や2人ではなく、数え切れないほどの性的悪戯を経験している。

「二人きりなので欲望とかスケベ心みたいなことを出してくる。覚えてるだけでも『一緒にお風呂に入ろう』『股間見てごらん』『裸見せて』『一緒に寝ようね』『パンツも着替えさせてあげる』『おっぱい触りたい』『ヒゲジョリジョリしてあげる』とかいろいろあった。なんだろう、嫌がってるシグナルを出しているのに、なにも伝わらないで普通に一線を越えてくる。一緒にお風呂に入ると、『ワレメはちゃんと洗おうね』とか、そんなことを言ってひたすら股間を触ってきて、そのときはよくわからなかったけど、思い出すと本当に気持ち悪い」

性的な悪戯をするのは40代、50代の中年男性だった。晴さんはこの年代の中年男性を見ると、今でも気持ち悪くなる。生涯にわたって嫌悪の対象になると思っている。

「その年代のおじさんには、社会人になってからもセクハラとかパワハラとか、ひたすら被害に遭った。存在がとにかく気持ち悪い。日本は男尊女卑がひどくて、その年代のおじさんが偉そうにしている。本当に嫌な国だなって。海外に行きたいと思ったのは、おじさん天国な日本の現実に気づいたからです。小学校の頃からおじさんのいない国に行きたい、そう心から思っていた」

昼夜逆転で小学校は休みがちになり、いつもハイブランドのドレスを着ているので、クラスで浮いた存在だった。

「学校では友だちはできない。男子にモテてはいたけど、友だちはいなかった。小学校高学年になってからは不良仲間ができたというか、ちょっとグレた。そういう子たちが私に寄ってきた。夜中、家に誰もいないから、うちが溜まり場になった。実家はお金だけはあったし、とにかく家が大きかった。同級生に、豪邸とか金持ちとか言われるのは悪い気はしなかった。中学校では横暴に弱い者イジメをしたり、男子相手に喧嘩をしたりした。とにかく性格がメチャクチャで好き放題やってました。ずっと祖母と母にものすごい暴力を振るわれていたので、私にとって暴力的なことは常識だったし、普通のことだと思っていから」

殴ってケガをさせた喧嘩相手の親が、自宅に乗り込んできたことがあった。しかし、母親は逆上し、相手をヒステリックに怒鳴り散らして追い返した。

「今思えば、女だけの在日韓国人一家は、祖母も母も私も狂犬のような存在でしたね。『あの家は在日だから……』とか、周りからの陰口は知っていたけど、面と向かって文句や苦情を言ってくる人はいなかった。それも私を増長させた理由だと思います」

家業を継がずに母親と絶縁

晴さんが中学3年生になって、母親は一時的に教育に目覚め、塾に行かされた。しかし、名門私立高校には落ち、普通レベルの府立高校に進学した。

高校生になってから祖母と母親が晴さんに強いたことは、身体的暴力から奴隷労働に変わった。２人に命令されたのが、祖母と母親が経営する焼肉店で店長をすることだった。学校が終わってすぐに出勤し、深夜の3時まで働かされた。配膳だけでなく、シフト管理、売上管理、業務報告と、とにかく膨大な仕事量だった。

「母から『時給200円で働け』って言い渡されました。高校の学費も、その200円の時給から出せって。従うしかないから、制服も全部自分で買って食費も出した。だから高校1年生から自立しました。夕方4時から深夜3時の労働が毎日で、時給200円だから月給は5万円くらい。違法だし、強制労働の虐待だけど、とにかく恐怖しかない祖母と母と過ごす時間が減ったし、月何万円かはもらえるから楽しかった。結局、焼肉店は高校3年生の秋まで続けました」

高校3年生のとき、母親に時給を500円に上げてほしいと交渉した。却下された。それで、もう働きたくない、店を辞めたいと伝えた。

「その当時、一般的な高校生の時給が700円とかだったので、せめて500円欲しかった。そうしたら母と揉めて、さすがに昔のようにリンチとか折檻はされないけど、辞めるんだったら自宅のリビングは出入り禁止、冷蔵庫を開けるな、同居だけど絶縁みたいなことになった。母からすれば、家のことなのにお金の話を言うのはおかしい、非常識だ、みたいな意識ですね」

晴さんは焼肉店を辞めた。すぐにほかの飲食店で働いたら時給は200円から800円になった。月20万円以上を稼げるようになった。働いているか学校に行っているかで、お金は使わなかった。バイト代は卒業後のために貯めておいた。

「高校の卒業式の日、母に呼び出されました。『焼肉店の店長かクラブホステスになる気はないか？　私の店を継ぐ気はないか？』って最終的な確認をされた。考えたけど、継ぐ気はないことを伝えたら、『じゃあ、親子の縁を切りましょう』ってなった」

落ちぶれた母親を姉妹で完全無視

高校を卒業してすぐに実家を出た晴さんは、大阪の十三《じゅうそう》にある住み込みのデリヘルで働いた。高校を卒業したばかりの18歳という若さと、晴さんはかわいらしい口リ顔だったので中年男性客にウケた。下半身を膨らませた中年男性が続々とやってきて、狂喜しながら晴さんのカラダを舐めまわした。40代、50代男性による本番強要、ガチ恋愛、ストーカー、自慢話、説教——最悪な要素しかない中年男性たちに改めて心から呆れ果てたという。

「おっさんはゴミのような人間だと思いました。今は若い女の子たちに『おぢ』とか言われてバカにされているけど、25年前はまだバカみたいに偉そうだった。こんな醜くて臭いヤツが、どうして生きているの？　くらいに思った。風俗ではおっさんがバカみたいにたくさん来て、バカみたいに稼げて、3カ月で200万円くらい貯めた。でも、この仕事を続けるとバカになると思ったので辞めた。海外に行きました。祖母と母と何度も海外旅行に行っていたので、一人でも行けるだろうと思ったんです」

海外に行ったのは、日本の男尊女卑と中年男性が嫌だったから。日本人のオヤジがいない世界を想像しただけで素晴らしいと思った。

「タイ、マレーシア、フランス、イタリアと、いろいろ行きました。27歳のときに一度結婚しています。大阪の飲食店で働いていたときに、板前の男性に超しつこくプロポーズされたことがあって、海外で暮らせるならって返答した。そうしたら、その人がフランスの日本料理店の仕事を見つけてきた。正直、断り切れなくて、約束通り頷いた感じ。でも3年間くらいしかもたなかった」

母親は現在、62歳。コロナ前に祖母が死んでから経営する焼肉店も水商売も傾いた。妹に聞いた話では、高級車もハイブランド品もすべて手放してみすぼらしい姿だという。経営していた韓国クラブはコロナがトドメとなって店舗を閉店。焼肉店にもまったく客が来なくなった。怪しい筋からお金を借り、豪邸を売り払って借金返済に充てたという。

「いま、贅沢ざんまいだった母は小さなアパートで一人暮らしをしています。孤独で寂しいみたいで、落ちぶれてから頻繁に連絡がくるようになった。母は私を虐待したことを覚えてないって言っていて、『私はそんなことしてない、するわけない』とか言っている。『怖ろしい。こんなに愛しているのになんでわかってくれへんの』とか、すごい量のメッセを送ってくる。いっさい無視していますけど。もちろん8

歳下の妹も虐待されていて、妹はいつも『早く死んでほしい』って言っています。妹と会えば、『母はいつ死ぬの？　死ねばいいのに』みたいな会話ばかり。でも、あの母のことだから自分では孤独だって言ってても、男を見つけてうまくやっているんじゃないですかね」

晴さんは2年前、42歳のときにマーケティングの会社を起業した。事業は順調でそれなりに豊かな生活ができている。母親の近くに住んでいた妹を引っ越させて、母親から遠ざけた。妹は晴さんの会社に入って取締役として働いている。２人とも母親からの電話はいっさい出ない。毎日連続で送信されてくる母親からのＬＩＮＥは、既読スルーを貫いているという。

第五章　「いらない子ども」の悲劇

離婚されるほど酒癖の悪かった父親

離婚率（人口1000人当たりの離婚件数）が1・69パーセント（2022年、厚労省調べ）の日本は、先進国のなかでは比較的離婚が少ない国だとされる（アメリカは2・3パーセント、韓国は2・0パーセント）。離婚件数は2010年の約25万1000件から2021年は約18万4000件に減少しているが、それでも入籍カップルの3組に1組は離婚という状況だ。両親の離婚は子どもの生活に直結する。シングル家庭となって貧困化することもあれば、両親の再婚によって突然現れた義父や義母が子どもの人生を左右することもある。

両親の離婚は子どもにとって、自分の意思や努力では解決できない深刻な問題である。一定数の子どもたちは両親の離婚がきっかけで不幸に陥り、なかには自ら命を絶ってしまう子どももいる。

四国地方の精肉店に勤める恵梨香さん（仮名、25歳）は、小学2年生時の両親の離婚によって人生が暗転した。現在は家賃4万円の部屋に一人暮らしをしながら、2023年7月から付き合いはじめた1歳年上の彼氏のことで頭がいっぱいな状態だ。

恵梨香さんは、ひたすら彼氏のことをつぶやいているX(旧ツイッター)のアカウントを持っている。具体的なことはここでは書かないが、筆者にはストーカーのような状態に見えなくもなかった。

「その人以外、見たくないというか、見えないというか。そんな状態です。彼氏に私以外の異性が近づくのが許せなくて、それで束縛しちゃっています。一日中、働いているときもずっと彼氏のことを考えてて、彼氏にほかの人が近づいてきたみたいなことを考えるとイライラするし、怖くなる。そんなの、許せないというか。だから彼氏と彼氏の周りにいる女のことを徹底的に調べあげて、どんな女なのか見ている感じです」

彼氏の人間関係をある程度把握してから、インスタとXで状況をリアルタイムでチェックする。不審な女性が現れた場合、彼氏に確認するだけでなく、女性と連絡する方法を考える。

「もし相手と話ができるなら、連絡しちゃいます。どういうつもりか、彼氏とどういう接触があるのか聞きます。これから彼氏と関わるのをやめてほしいと伝えます」

過剰な束縛や彼氏の人間関係に介入することは、どう考えてもプラスの結果を生まない行動だ。しかし、恵梨香さんの現状はストーカー寸前という状態だった。共依存状態を疑う行動は、毒親育ちに端を発している可能性が高い。いったい、どのような25年間を送ってきたのか聞いていくことにする。

恵梨香さんは神奈川県出身。父親はスーパーマーケットの店員（50歳）、母親は銀行員（46歳）で、両親は恵梨香さんが小学2年生のときに離婚している。父親は同じスーパーのパート女性と、母親は同じ銀行のバツイチ男性と再婚して中国地方で暮らしている。恵梨香さんには義理の弟、義理の妹がいる。

「父親はいつも明け方に帰ってくるような生活で、収入はかなり低かったようです。離婚の原因は父親の酒癖の悪さで、普段は寡黙だけど、酔うと豹変する感じでした。ビール瓶を投げて窓を割るとか、母親に暴力を振るうとか、怒って暴れるとかそんな感じで、母親がうんざりしたんだと思う」

酔って暴れる、暴力を振るうことは日常で、物心ついた頃から両親の仲は破綻していた。恵梨香さんがよく覚えているのは、小学校入学式の直前のことである。

「1年生になったときにピカピカのランドセルをもらえると思ったら、ボロボロのランドセルだった。あとから聞いたら新品のランドセルを母方の祖母が送ってくれたけど、それを父親が売り払ってお酒を買ったって。もらったランドセルは従姉のおさがりで、猫の爪の跡がついているボロボロなもの。登校するのがメチャクチャ恥ずかしかった。この話を聞いて、父親はもうダメなんだと思いました」

「義母は私を殺そうとしたんです!」

両親は小学2年生のときに離婚した。恵梨香さんはしばらく父方の祖父母と暮らし、2年後に父親に呼ばれたときに義母を紹介された。父親に「新しいお母さんだ」と言われた。

「義母の第一印象は太っているし、威圧的だし、感じの悪いおばさんだと思った。義母とは普通に性格が合わなかった。いつのまにか義母の連れ子の弟がいたんですけど、父親は『自分の子どもじゃないからかわいくない』っていつも言っていた。

義母の口癖は『働かざるもの食うべからず』って言葉で、とにかく家事を手伝え、働けみたいな感じでした。洗濯とか皿洗いとか、あれもこれもって。いつもたくさんの用事を頼まれて覚えられない。『どうしてこんなこともできないんだ!』って怒鳴られて、すごく嫌われていた。義母はいつもイライラしていて、『貴様なんていなくなればいい!』とか『いらない子ども!』とか言われてました」

恵梨香さんは、子どもに面と向かって暴言を吐く大人を初めて見た。「いなくなればいい!」「いらない子ども!」と罵られ、いつも萎縮して、精神的に大きなダメージを受けていた。

「身近な大人に邪魔者扱いされるのは、すごく怖い。まだ子どもだから、一人で生きていけないわけだから不安になるし、つらくなる。義母は実の子どもの弟のことは溺愛していた。『かわいい、かわいい、優秀、将来が楽しみ』みたいな感じ。いつも私と弟をくらべて、『貴様はいらない』みたいな感じでした。父親はほぼ家にいなかったので、義母と私のことはなにも知らなかったと思う」

小学4年生の終わりに、恵梨香さんと義母の間で決定的な事件が起こったという。

義母は父親と同じスーパーのパートで、午前中や夕方の短時間だけ働きに行く。

「ある日、義母が帰宅して、イライラがとまらない様子で、『おい、カネ食い虫のお前。ちょっと来い』って、2階のベランダに呼ばれた。それで、『貴様さえいなくなればいいのに！』『どうしてこの家にいるのか！』『貴様はいらない、いらない、いらない！』って叫ばれた」

義母は恵梨香さんを鬼のような目をして睨んだ。ただならぬ恐怖を感じた。殺意のような、異常な感覚も伝わってきたという。

「叫ばれ続けてるうちに『いなくなればいいのに！』が『亡くなればいいのに！』に変わったんです。『亡くなればいいのに！』『亡くなればいいのに！』って叫びながら、どんどんと体当たりしてきて、ベランダの隅に追いつめられた。私、今日ここで死ぬかもって思った。義母の体当たりは止まらなくて、柵を握ってベランダから落ちないように必死に耐え続けました。義母は私を殺そうとしたんです！」

この恐怖の出来事が起こった理由を恵梨香さんに尋ねたが、まったくわからないという。

「ワンワン!」と叫ぶ豚みたいな義父

恵梨香さんは父親と義母との暮らしがはじまるときに転校している。恵梨香さんは転校先でイジメの対象になり、無視、暴言、物を隠されるなど、毎日嫌がらせに遭っていた。学校でも家庭でも、常に誰かに攻撃される状態になって、精神的におかしくなっていた。

「限界だと思いました。それで母親に電話して、私は母親と義父のいる中国地方に行くことになりました」

毒親被害は義母から逃げたことで終わったのだろうか。恵梨香さんに聞くと、彼女は顔をしかめて首を大きく横に振った。

「中国地方にある母親の家に行ったら、毒親ぶりはこっちのほうがひどかった」

母親の家には銀行員の義父、それに母親、2歳になる妹がいた。田園地帯の戸建て暮らしで、それなりに幸せな風景があった。

「母親は実の娘と一緒に暮らすのは『全然歓迎!』って感じだった。私の知っているお母さんとキャラが違ってて、すごくはしゃいでいましたね。子どもの私から見ても違和感があるはしゃぎっぷりで、父親以外の別の男の人（義父）に甘えている感じが気持ち悪かった。今、思い出してもちょっと吐き気するくらいな気持ち悪さがありました」

引っ越したその日、新しい家族はすき焼きで祝ってくれた。初めて会った義父の印象は「豚みたいなジジイ」だったという。

「それまで肉って食べたことがなくて、すき焼きを初めて食べた。食べ方がわからなくてそのまま肉を鍋から取って食べていたら、義父から生卵に落としたほうが美味しいって言われた。生卵も食べたことがなくて、生卵を肉につけるって嫌だなって思った。それで私がすきやきを美味しそうに食べることができなかったことで、義父の機嫌を損ねたというか印象が悪くなった。私、父親の家で食生活が悪かったみたいで、『痩せすぎている』『肉を食べたことないなんて聞いたことがない』『異常な育ちだ』みたいなことを義父に言われました」

恵梨香さんを歓迎するはずだった食卓は、「異常な食生活」「育ちが変」「どんな家で育ったのか」といった詰問が続く最悪の場となった。母親も義父を援護するかのように恵梨香さんのテーブルマナーの注意をはじめた。

「テーブルマナーが悪いことを母親に延々と、メチャクチャに言われました。それまで一度も言われたことがなかったし、え、今?って感じでびっくりしました。とりあえず箸の持ち方はできていたけど、ご飯を食べているときにテレビを観るなとか、パスタを食べるときに音を立てるなとか、その日のあとも言われ続けました。とくにできなかったのが、手をお皿に添えないで左手を下にだらんと垂らしたまま食べること。要は手皿をしないこと。何度言われても直らなかったけど、手皿ってそんなにダメですか?」

ある日、夕飯のときに義父が立ち上がった。恵梨香さんの顔の5センチ前まで顔を近づけて、「ワンワン! ワンワン!」と吠えまくった。上目で「ワンワン!」と叫ぶたびに義父の唾が飛んでくる。恵梨香さんは「ワンワン!」と叫ぶ豚みたいな男が視界に広がって、恐怖で腰を抜かして泣いてしまった。

「ワンワンは、たぶん、犬食いだぞって意味だと思うけど、ホントに嫌だったし、怖かった。私は泣いているのに母親と妹は爆笑していて、『ワンワン! ワンワン!』

って家族で大合唱していた。ご飯って怖い、楽しくないなって思った。義父はすごく気持ち悪い。母親がどうしてこんな豚とはしゃいでいるのか意味がわからなくて、自分とは別世界の人なんだと思った。すごく田舎だし、ご飯は楽しくないし、地獄みたいなところだと思った」

「こんな豚を好きな母親もクズだと思った」

初日のすきやきの日から、恵梨香さんは自分がいてはいけない場所に来てしまったと思った。食事のたびに母親にテーブルマナーを注意され、さらなる過干渉がはじまった。

「母親は男の子が欲しかったみたいで、妹が生まれたときはショックだったようです。それで、私に息子みたいになってほしいみたいな願望を持って、髪型から服装、持ち物まで全部母親の言う通りにさせられた。スカートはダメでズボンを履かされ、長かった髪の毛もショートにさせられた。スカート穿きたかったけど、息子みたいになることがここにいる条件みたいに感じて、自分の希望はなにも言えなかった。

ランドセルも黒いのを渡されて、それがきっかけでイジメみたいなこともはじまって、母親の家に来てから嫌なことが起こりまくった」

恵梨香さんは発達障害（ＡＳＤ）の診断を受けて、障がい者手帳も持っている。実の両親の離婚以降に降りかかった度重なる家庭と学校での否定や逆境、怒りや不安感で後天的におかしくなったと自己分析をしている。

「母親に捨てられないために努力はしました。黄色い傘を使うとか、傘も丁寧に扱わなくてぶっ壊すとか。母親はそんな男の子みたいなことをしてほしいって常々言っていて、結局、スカートはまったく穿けませんでした。あんまり成績がよくなかったのも、母にはウケた。成績が悪いことを話すと、なんかニコニコ、みたいな。でも、実の父親の家と同じで、妹はその家の両親に徹底的にかわいがられる。私とはとことん扱いが違った」

学校ではイジメられ、家族では母親に過干渉をされ、嫌いな義父には疎まれ、姉妹差別をされる。とにかくストレスがかかった。閉じた心を解放するのは好きなマンガやゲームだけだったが、それも義父に取り上げられて捨てられた。

「義父に嫌われていることが完全にわかったのは、妹の誕生会のとき。ケーキにBB弾みたいなのが入ってて、義父が『お前が入れた、お前が妹を妬んでやった』って言いだした。母親は義父の意見に賛同して『テーブルマナーも悪くて手癖も性格も悪い』って言いだした。それで義父が『家に入れるな、外に出せ！』って叫んで、外に放り出された。何時間も家に入れてもらえなかった」

ハッピーバースデートゥーユー♪

家の中では血の繋がっている親子3人が幸せそうに歌い、その声が明るい窓越しに漏れ聴こえてくる。恵梨香さんは裸足のまま庭にずっと立っていた。涙が止まらなかった。このとき、自分の中でなにか壊れたような気がした。

「トドメはピザでした。小学6年生の冬休みです。家族で香川に旅行に行ったとき、父親が狂ったように暴れた。義父の好物はピザ。とにかくピザが好きなので、豚みたいに太っているんだと思った」

母親と恵梨香さん、それと妹の3人で父親のためにピザをつくることになった。母親が提案した義父へのサプライズ企画だった。

「義父の好物だから一緒につくってみんなで食べようみたいなことになって、生地から全部手づくりした。妹は初めての料理で、パパを喜ばすみたいなことを言いながら張り切ってやっていた。だけど、義父がそのピザを食べたとき、死ぬほど酷評したんです。『まずい、汚い、まずい』『味が濃い、色が悪い、焼きすぎ』『本当にお前たちはなにもできない無能だ』みたいなことを言って、ピザを捨ててしまった。そうしたら妹がギャン泣きした」

　義父は妹がつくったものとは知らなかった。母親と恵梨香さんがつくったピザだと思って、イキって酷評をした。

「妹のギャン泣きを見て、義父は唇を噛みしめて、泣きながらトイレにこもった。トイレから出ると『どうして●●●（妹）がつくったって言わなかったんだ！』『お前らだけは許さない！』とか、訳のわからないことを言って暴れだした。大暴れして本棚とか倒して、メチャクチャ暴れた。もう、この豚はダメだと思った。こんな豚を好きな母親もクズだと思った」

　恵梨香さんは義父の家を出て、児童養護施設で暮らすことを決めた。

「豚ジジイ」に暴言を吐いて母親とも絶縁

結局、恵梨香さんは20歳まで児童養護施設で暮らした。

施設での暮らしは快適とは言い難かったが、自分を邪魔者扱いする2つの家よりはマシだった。母親はたまに面会に来た。中学生のときに母親に連れられて精神科を受診し、発達障害と診断され障がい者手帳を発行されている。

「高校は行けなかった。本当に勉強がわかってなくて、特別支援学校みたいなのに行きました。高校生なのに小学5年生の教科書を使うみたいなところでした。みんな本当に遊んでる感じの学校だったので、私も遊んで過ごした。それで18歳から地元のスーパーの精肉売り場で働いた。最低賃金で月10万円とか」

精肉売り場の仕事は、牛や豚の肉の塊を切って並べる。どうしてこんな仕事をしなきゃならないのかと思ったが、児童養護施設の職員や学校から「スーパーで働きなさい」と言われたので働いた。

「最後に掃除があって、それがすごく嫌だった。グリストラップって排水溝を洗う作業が毎日あるんですけど、動物の死骸とか腐った臭いがする。蓋を開けた瞬間に腐った匂いがわっと降りかかってきて、それをブラシで洗う。こんな仕事を18歳とか20歳の女にさせるのかって、いつも思っていました。キツい仕事をしても、手取りで月10万円とかにしかならない。どうして自分は生きているんだろう、本当に価値がない、いらない人間なんだと思うには十分な環境と金額で、絶望しかなかった」

規約通り、恵梨香さんは20歳の誕生日に児童養護施設を出所した。ここから母親の徹底的な過干渉がはじまったという。一人暮らしのアパート、家具、生活必需品はすべて母親の言う通りに購入させられて、給与が振り込まれる口座の通帳も管理の名目で母親に取り上げられた。

「一人暮らしをするときに、母が関わってきて大変でした。『あなたの生活している姿が想像つく』とか言って、全部自分が勧めたものを買わせる。ちょっと嫌がる素振りをみせると『言い訳するなら車を出さない』みたいなことを言う。それで一日中つきまとわれて、自分が欲しいものをなにも買えないまま新生活がはじまった」

部屋を借りるときには保証人が必要だ。義父が保証人になった。そのときの条件が母親に預金通帳を預けることだった。

「月4万円の部屋です。手取り10万円なので生活するのは厳しいというか、無理って金額です。特別支援学校のときのバイト代を振り込んでいた預金通帳も母親が持っていて、いちいちなにに使うか報告しないとお金を出してくれない。だいたい月10万円の手取りで生活費が足りるわけがない。それをいちいち言われておかしくなった」

3年前、22歳のときに母親に預金通帳を返してほしいことを伝えた。母親は拒絶した。義父も出てきて、恵梨香さんを怒鳴り散らして大騒ぎになった。

「そのあとも毎日のように電話がきて、『貯金しなさい』『貯金しなさい』とか言っていて、収入が少ないのに貯金なんてできるわけがない。不可能なことが伝わらない。どうして私のお金を母親が管理するのかわからないし、もう成人しているんだから、ほっといてほしいと強く言った。そうしたら、また義父が出てきて『家計簿をつけて、毎月提出しろ』とか言いだした。『銀行員の俺は上司に報告している、お前も同じだ』とか意味わからないことを言っていた」

偉そうな態度の義父を見て、過去にされた嫌なことが走馬灯のように蘇った。ここで恵梨香さんはキレた。

「豚のくせに偉そうなんだよ！　豚ジジイ、死ねよ！」

恵梨香さんは、そうキレた。一度暴言を吐いたら止まらなくなってしまった――豚、ジジイ、臭い、ハゲ、銀行員とかバカじゃねえの、ジジイのくせに偉そうな豚！お前が父親とか妹は哀れ、お前が遺伝した妹もキモい、ていうかお前の家族は全員気持ち悪い、私だったら恥ずかしくて生きていけない――義父は顔を真っ赤にして逆上して、恵梨香さんをビンタして首を絞めた。

「くせえよ、豚。ピザ食べすぎ。手を放せ、臭いんだよ！」

義父は発狂して出て行った。母親は義父を追いかけた。これで恵梨香さんは絶縁となった。

「義父が保証人の家を出ていって、新しい部屋を借りました。預金通帳は別の銀行に新しい口座をつくって、それを今は使っています。義父にも母親にもそれ以来会っていないし、絶対に会わない」

恵梨香さんの毒親との25年間の話は終わった。

「母親は嫌いです。もう生涯会いたくないし、死んでほしい。（実の）父親は連絡をとっています。父親は嫌いじゃありません。そんな感じです」

最後に豚ジジイの義父は誰に似ているのか聞くと、「ハゲで加齢臭のキツい伊達みきお」と答えた。

自殺未遂を繰り返す地方アイドル

中国地方でアイドルをしている桃花さん（仮名、27歳）は、夫や毒親との関係に苦しめられて何度も自殺未遂の経験がある。桃花さんはバツイチで、2年前に一つ年上の自動車整備士だった夫と離婚し、今は父親が所有するマンションの一室で一人暮らしをしている。

「2年前に離婚してから一人暮らしです。結婚をしたのは幸せになりたかったから。子どもの頃からずっと毒親に振り回されてきたから、自分は幸せな家庭を築きたかった」

現在、別れた夫は実家に戻り、父親は再婚相手とその子どもと近くのマンションで暮らしている。実の母親とは中学2年生以来、会っていないのでどうしているかわからないという。

「旦那は過保護のマザコンで、義母（夫の実母）とあることないことを毎日連絡取り合って、夫婦関係に義母が首を突っ込んできてメチャクチャになった。旦那は働きたくない人でギャンブル依存症。パチンコが大好きだった。私の父親は会社経営者で、経済的には恵まれていたけど、何回か私のことを捨てている。父親の件も、旦那の件も、何度か警察沙汰になった。自殺未遂は飛び降りとか、海に飛び込みとかいろいろ」

桃花さんが夫と暮らしていた家は海に近かった。死のうと思ったとき、泳げないので死ねるし、海に飛び込むのがいいかと思ったという。死ぬことを決めたとき、市内の繁華街にある高層ビルから飛び降りることも考えて、頭の中でシミュレーションをした。目玉が飛び出るとか、そういう風になるのは嫌だった。人に迷惑がかかる。だから、誰もいない深夜に海に飛び込むのがいいと思った。

結婚したのは23歳のとき。夫とはアニメ系のコミュニティーで知り合った。

「オタク系の集まりで旦那と知り合って、すぐに付き合った。付き合ったのは、大した理由はなくて寂しくてなんとなく。結婚前、私は病院で働いてて土日祝が休みで、旦那は自動車整備士で月火が休みだった。2人の休みが合わないから会う時間がないってことで、うちに泊まりにきたら帰らないで住むようになった。食事とかもつくったけど、いろいろと2人分のお金がかかるようになった。今のままだとしんどいから、新しく部屋を借りて同棲しようみたいなことを私から言った。お互いの親に相談したら、田舎の昭和的な考えの人たちなので入籍になったって流れ」

マザコン夫と義母の異常な関係

相手のことをよくわからないまま入籍して、新婚生活がはじまった。

夫が仕事嫌いでパチンコ好きということは、入籍後に知った。夫はそれだけでなく、無自覚な大きな爆弾を抱えていた。深刻なほどのマザコンだった。夫は生まれたときから母親に溺愛されたマザコンで、自分の異常性にいっさい気づいていなかった。

「旦那は義母と毎日、毎日、ずっとLINEや長電話をしていました。やめてと言っても、本人はなんでやめなくちゃいけないのか理解できない。ずっと電話で義母と話しているから、義母と話すネタがすぐになくなる。そうすると、義母ともっと話すために、私のあることないことを言いだす。

たとえば、私が仕事で、代わりに旦那が夕食にお好み焼きをつくったときがあって、キッチンが小麦粉だらけで汚くなった。旦那は汚しても中途半端に洗い流すので、小麦粉がこびりついて片づけるのが大変になる。それを旦那に言ったら、『俺が食器を洗って片づけたのにガミガミ文句を言いだした』とか義母に話した。そうしたら義母がうちに乗り込んできて、私に対してわめき散らすみたいな。そんな感じでした」

桃花さんと義母は深刻にいがみ合うようになっていた。そもそも夫の事実誤認、盛った会話が根本的な原因で、義母とは事実の認識が違うので会話にならない。新婚生活はすぐに深刻な状況に陥った。

「旦那は寝る直前まで義母とLINEをして、私が言ってないことまでどんどん書いていた。いつもスマホに文字を打っていて、横から見たらすぐ見えた。ないこと書いたり、大げさに書いたり。旦那は義母と会話することが目的なので、どんどん適当なことを書く。それで私がキレた。メチャクチャ怒った。旦那はそれも義母に報告して、最終的には毎日義母が家に来るようになった。私がいわれのないことでガミガミ怒鳴られて、とても一緒に生活できるような状態じゃなくなった」

そして、マザコン夫の母親との会話やＬＩＮＥが、桃花さんの自殺未遂騒動を引き起こしてしまう。

「最初の自殺未遂、海に飛び込んだのが私の誕生日だった。いくら激怒しても、夫婦喧嘩になっても旦那は義母との長電話をやめなくて、ネタがないからまたあることないことしゃべっていた。耐えられなくなって、家を飛び出して車の中に逃げた。『冷静になりたい、もうあなたとは口をききたくない』と伝えた。そしたら旦那は、また義母に電話して、私が悪さして困ってる、ママ助けて、みたいな感じのことを話して。それで旦那が私の車に近づいてきて、車のドアノブをガシャガシャした。『おい、出てこいよ』って。『お前、逃げるのか、逃げるのはやめろ！』とか騒いで。またガシャガシャしてきて。すごく怖くなって、ガシャガシャを聞きながら、もう死のうと思った」

ガシャガシャの音が続くなか、桃花さんは気が狂いそうになって、思いっきりドアを開けて海のほうに走った。冬の太平洋に飛び込めば、そのまま心臓麻痺で死ねると思ったという。だが、ギリギリのところで夫につかまった。

「旦那は義母と電話しながらガシャガシャしてたんです。それが気持ち悪くて、怖くて、だったら死んでしまいたいって思って、夢中で海に向かった。義母との関係がもう限界で、旦那にはあることないこと言われて、とにかく私の価値を下げられる。逃げたら『出てこいや!』って怒鳴られる。実家に帰ればいいけど、帰る実家なんてない。もう死ぬしかないじゃないですか。そういう感じでした」

マザコン夫の借金が発覚して離婚

夫のマザコンが治ることはなかった。自殺未遂という大騒動が起こっても、毎日母親と電話して深夜までLINEをした。桃花さんは狂気のマザコン夫に絶望した。

リストカット、オーバードーズと危うい行為を繰り返すようになった。夫はそれでも、自分のマザコンが原因であることに気づかなかった。

結婚2年目に夫の借金が発覚した。夫は月火が休みで、休日は朝から晩までパチンコをし、出勤日もアフターファイブに国道沿いのパチンコ店に入り浸っていた。大手サラ金会社からの返済の催促と、住民税の未払い、交通違反の反則金未払いの請求書がガンガン送られてきた。

「最終的に離婚になったのは借金。旦那がパチンコに負けまくってサラ金2社に満額借りて、借金が100万円くらいになっていて、住民税とか全部滞納してた。その借金と未払金が全部私のせいにされて、本当によくわからないことになった」

100万円の借金と住民税などの滞納でクレジットカードは使えず、ほかのサラ金からもお金を借りることができない。首が回らなくなった。そして、夫の借金は両家の親を巻き込んだ騒動になっていった。

「パチンコしたくて整備工場を辞めて、いつの間にか収入ゼロ。この時点で私は精神的におかしくなって、心療内科を受診していた。愛着障害とうつという診断が出ていた。毎朝薬も内服していて、旦那の借金問題をどうしていいかわからなかった。だから父親に頼りました。それで父親が旦那と話すってことになって、父親は旦那の心を入れ替えさせて、借金の肩代わりをする気だった」

あいつはダメだ。離婚しろ。手に負えないマザコンだ――。

夫との話し合いから帰ってきた桃花さんの父親は、イラついた口調でそう言い放った。

「どうも旦那は父親に、『たくさん借金したのは、あなたの娘のせいだ』みたいなことを言ったらしい。どうして私のせいになるのかまるでわからないけど、お金に困っていることを私に相談できなかったから私のせいだって。義母に相談したら、義母もそう言っているみたいな話を父親に熱弁したらしいです。パチンコ依存とか仕事を辞めたとか、そういう話はまったく出なくて、私に相談できなかったから泣く泣くサラ金で借金したって。父親は呆れ果てて、すぐに離婚になって、引っ越しました。それが2年前です」

桃花さんが診断された愛着障害とは、親との愛着が形成されなかったことで対人関係に問題が生じる障害である。離婚の原因は夫にあるが、好きでもないのに結婚に踏み切ったことや、相手がどんな人間かを見抜けないのは障害が原因だと桃花さんは分析している。

「私は親との関係が本当にひどかった。愛着障害と診断されて、すごく納得したというか。旦那のことも好きでもなんでもなかったけど、なんか寂しいからって理由だけで結婚した。どこから眺めても、いいところがないし、好きでもないのに一緒にいるだけでいいみたいな判断でした。結婚生活に関しては、問題がたくさん起こって、やっと目が覚めたみたいな状態でした」

近隣住民が110番して母親の虐待が発覚

桃花さんには再婚相手の家族と暮らす父親と、両親の離婚以降、しばらく会っていない母親がいる。いったい実の家族の間でなにがあったのだろうか。

父親は一級建築士で会社経営者。高収入で、副業で不動産投資もしている。現在、桃花さんは父親が所有するマンションの一室で暮らしている。

「まず、母親に徹底的に虐待されました。私への虐待と母親の不倫が原因で、小学2年生のときに両親は離婚しています」

父親と母親は同じ1966年生まれ、現在57歳である。

「近所の人たちは、みんな知っていたけど、母親の私への虐待がすごかった。自分が気に食わない、思い通りに私が動かないとブチ切れて殴るとか、風呂場に閉じ込めるとか。しかも、2日も3日も閉じ込める。家がまあまあ広かったから父親は薄々気づいていたかもだけど、私が母親に閉じ込められていることがわからない。食べ物なし、トイレはそのまますするしかない。そんな虐待でした。

あと、子どもだから苦手な物は食べることができないじゃないですか。食事のときにいらないとか言うと、激怒して牛乳を頭の上から浴びせられた。熱いお茶とかを顔にぶちまけるとか。台所で母親が調理しているときに、私がなにか言ったら包丁が飛んできたこともあった。おそらく、母親はなにかの病気だと思うけど、異常なほどにキレやすい性格でした。結局、小学2年生のときに近所の人が110番して虐待が発覚した」

母親による虐待が発覚して、両親は今後を話し合った。話し合っているうちに母親が不倫していることも発覚し、父親は離婚に踏み切った。母親は桃花さんの親権が欲しいと主張して争ったが、親権は父親が持つことになった。

「散々、ひどいことをされたけど、離婚するときには母親と離れたくないと思った。最後、母親と話した。離れたくないって。しばらく父親の実家のおばあちゃんの家から小学校に通った。学校にも母親が何度も来て、やっぱり久しぶりに会えばうれしかった。でも父親の実家では母親はとんでもない女となっていて、母親と会っていることがバレたら、なにを言われるかわからない。だから、中学2年生のときに母親に『もう会えない』って伝えた」

もう会えないと伝えたときに、母親は号泣して泣き崩れたという。

「母親は誕生日プレゼントとかくれた。でも、父親とかおばあちゃんに見つかったら、誰からもらったの、みたいな話になる。やっぱり嫌な雰囲気になる。それに大人になると、母親が私にしてきたことはあまりにもひどかったって自覚するようになった。だから母親に会ったところでマイナスしかないと思って、もう会わないって伝えた。母親はすごく泣いていました」

父親が暮らす部屋から飛び降り自殺

父親と祖母、母親との人間関係に気を使いながら、桃花さんは過度なストレスを溜めていった。泣いている母親の姿を見て胸が痛くなったが、どうにもならないので耐えるしかない。そして、母親と会わなくなった頃、祖父母と桃花さんは父親が所有するマンションに引っ越した。

「父親の自宅は一棟マンションで、父親と私は2階、祖父母は1階に住んでいた。しばらくして、父親の帰りがいつも深夜0時過ぎになるようになった。おばあちゃんは『仕事が大変ね』みたいなことを言っていたけど、私は仕事ってそんな忙しいのかなって疑問に思っていた。父親は土日に遊んでくれたし、それはよかったけど、父親とショッピングモールに行ったとき子連れの女の人と会った。女の人は父親に手を振っていて、誰？　と思ったら、『彼女だよ』って紹介された」

彼女だよと紹介された女性は、アパホテルの社長に似た派手な女性だった。桃花さんはなにか不吉な予感がした。

「中学3年生のとき、父親がその子連れの彼女と再婚することになった。それで家族全員、それまで住んでたのとは別のマンションに引っ越すことになった。おじいちゃんとおばあちゃんは101号室に住んで、父親は305号室で再婚相手とその子どもと暮らすって。私はてっきり305号室で暮らすと思っていたけど、父親は『お前は101号室で、おじいちゃん、おばあちゃんと暮らしてくれ』って。私、呆然としてしまって、どうして？　と思った。『私、お父さんと住みたい。305号室に住みたい』って何度も言ったけど、『お前は1階だ』って取り合ってもらえなかった。また、捨てられたと思いました」

小学2年生のときに虐待した母親と離されて、今度は父親に捨てられた。マンションの入口からすぐの位置にある101号室は、すべての住民が玄関前の廊下を通る。桃花さんは父親と再婚相手の女性、その子どもがどこかに出かけて行く後ろ姿を何度も眺めることになった。

「母親から虐待されたときもそうだけど、自分がダメな子だから、こうなるって思いました。私はいらない存在だって、ダメな子だからいらないんだって。私が存在しているから父親は恋愛にも制限がかかって、心の底ではいらないと思っているはずだって。自分の存在がなければいい、なくなればいいって思うようになってリストカットが止まらなくなった。精神的にはこの中学3年生から完全に壊れた感じになった」

中学3年生の秋、桃花さんは305号室の父親が暮らす部屋から飛び降り自殺をしている。

「飛び降りたのは、今住んでいるマンション。3階建てだけど、死のうと思ってその3階から飛び降りた。ケガしただけでした。父親は絶対に警察を呼ばないので、病院に連れて行かれただけで終わった。自殺未遂した理由は、私は305号室に住めない。だけど、再婚相手の連れ子は住める。私はダメなんだ、私はどんなに懇願してもダメなんだ、じゃあ死のうみたいな。喪失感というか、飛び降りる前にフラッシュバックみたいに母親に虐待されたいろいろなことを思い出したし、父親の『お前は101号室だ』って言葉も頭にリフレインしていた。私、いらないんだって思った。気づいたら落ちていたみたいな感じでした」

破綻した父親の再婚相手との関係

高校3年生になったとき、305号室で暮らすことが許された。

「今まで離れていたのに、一緒に住むことになった。やっと、私を家族として認めてくれたって、うれしかった。やっとお父さんと一緒に住めるって喜んだ。うん。うれしかった」

高校を卒業して、新卒で医療法人に就職している。

「彼女（再婚相手）のいちばん下の子どもとは一緒に住んでいて、私より10歳上だった。その人も私も社会人なので朝8時くらいに家を出る。父親が毎朝、車で2人を駅まで送迎するみたいなことをしていた。私は父親に『車の免許を取ったらダメ』って言われてたけど、その人はOKだった。雨の日に父親に送迎してもらおうとしたとき、彼女が『自分の娘だけ特別扱いしてる』とか言いだした。とにかく細かいことで彼女とうまくいかなくなった。彼女がブツクサブツクサ言いだして、そこから父親も私に対してそっけない態度になった。私と彼女との仲はどんどん悪くなって、私けっこう嫉妬することが増えて、彼女も父親に『自分の娘だけかわいがる』とか文句を言いだした。それで彼女が頻繁に父親や私に対してブチ切れだすようになった」

桃花さんが忘れられないのが、ショッピングモールの駐車場で再婚相手が暴れだしたことである。突然、発狂状態になって父親に殴りかかった。理由は誰もわからなかった。

「家の中とかでしょっちゅう叫んだり、外で暴れたり、彼女のそういう異常な状態みたいなのが怖くなった。洗濯物とかも放り投げられた。父親が洗って干して、それを取り込むのが彼女の担当だったけど、私の服は投げ捨てられるように入れられた。そのあたりから彼女が私に置き手紙をするようになって、最初は『家の中に寄生虫がいる』とか『冷蔵庫の物は食べないで』とか、そんなのだったけど、だんだんと文面がおかしくなった」

桃花さんも、社会人である再婚相手の子どもも、家にお金を入れるように言われていた。桃花さんは毎月1万円を再婚相手に渡していた。

「私は家でご飯を食べないから、父親に月1万円でいいって言われていた。家賃1万円みたいな感じだったけど、彼女の娘は2万円を入れていた。私は自分のお金で免許を取ったり、旅行とかもしていた。そうしたら彼女が『お前カネ出せ！』って。『うちは火の車だからお金が足りない、出せ』って。そんな言い方しなくてもと思ったけど、手紙がくるようになった。そんなにお金がないなら、専業主婦やめて自分で働けばと思ったけど、彼女は働くみたいなことは興味がない。最終的には私のほうが頭がおかしくなりそうになって、父親に1年以内に家を出たいって伝えた」

翌日、置き手紙があった。真っ赤な字で「出ていけ！　すぐに出ていけ！　うちは火の車、出ていけ！」と書かれていた。桃花さんはもうダメだと思った。

「19歳で家を出ました。その頃から幸せになりたい、みたいなことを強く思うようになった。その意識が、どうしてあんな男とって結婚に繋がって、自分は愛着障害だってことに気づいた。こうやって話すと、やっぱり自分は親にひどい扱いをされたと思うし、なんとか自分の人生を立て直したい。そう思っています」

桃花さんは病院で働きながら、アイドル活動をはじめた。数は多くはないが、ファンみたいな存在ができて「生きてもいい」と思えるようになった。結婚には失敗したが、まだまだやり直せると思っている。パートナーを探すためにマッチングアプリに登録した。

「一度、結婚に失敗したけど、生涯をともにできるパートナーを探しています」

そうプロフィールに書いた。すぐにたくさんの「いいね！」がきたことがうれしかったという。

終　章　子どもを「否定」する毒親の大罪

「世の中、毒親だらけ」ということを認識する

今回、毒親育ちの女性を取材するにあたって、筆者と編集者で対象者を探した。すると、わずか数日で数十人の毒親育ちと自認する女性が集まった。これまで筆者が取材対象としてきた「壮絶な人生経験を持つＡＶ女優」「貧困女子」「女子大生風俗嬢」とくらべると、圧倒的な早さだった。驚くとともに、筆者の予想以上に世の中には毒親育ちの女性が多いことを実感した。

実際に話を聞くと、毒親によるあまりに悲惨で陰惨な行為の数々と、人生が破壊した女性たちの被害の大きさに衝撃を受けた。

自己責任の余地がない話だった。

被害者が子どもであることから、逃げ場はほとんどない。子どもが自ら親から逃げることはかぎりなく不可能。子どもが自らの努力で毒親を改心させることはさらに不可能。よって、地獄のような日々を、少なくとも成人するまで送ることになる。これは体感時間が大人とくらべて６倍ともされる子どもにとって、気の遠くなる長い時間、年月だろう。

そんな毒親育ちの女性がすぐに集まった。しかも自らのつらい、忘れてしまいたい体験を話してくれる女性たちが、だ。世の中にここまで毒親育ちがたくさんいるとなると、まず読者のみなさん自身が毒親であったり、毒親育ちである可能性がある。自分自身は無縁だったとしても、毒親や毒親育ちは、みなさんの日常生活の視界にたくさん存在している。決して他人事ではないのはもちろん、家族や地域社会のなかで生きているうちに、いつ自分自身が毒親に変貌してしまうかわからない危険をはらんでいるのだ。

『北の国から』は毒親ドラマ

第二章でも触れたが、最後にもう一度、国民的ドラマとも称されている『北の国から』の話をさせてほしい。テレビ史に残る感動的な家族の物語にも、手に負えない毒親っぷりが刻まれまくっている。本書の執筆にあたり、再度『北の国から』を鑑賞した筆者は、黒板五郎の壮絶な毒親っぷりに呆れてしまった。

北海道の開拓民の血筋を持つ父親の五郎は、妻との死別をきっかけに東京から故郷の北海道富良野市に移住し、子どもたちを巻き込んで自給自足の生活をはじめる。情報や文明から離れて、自然とともに生きる五郎と家族の姿は、一般的には感動的だとされている。だが、時代と逆行する古い価値観と田舎の極めて狭い人間関係のなかで、五郎の2人の子どもである純と蛍は、見事に自分自身の人生を破壊させられてしまう。

五郎の毒親っぷりをいくつか挙げると、五郎は時代遅れの情報弱者で、その自覚がいっさいない。五郎の毒親行為は無数にあるが、子どもの人生を左右する象徴的なシーンは、純が「自家発電開発」という才能の片鱗を見せた場面。純がやりたいこと、そしてその才能のあることが明確に事象として見えたにもかかわらず、なにもわからない五郎はその才能を全否定して親子関係に亀裂を生じさせる。

五郎との親子関係が破綻した純は、高校進学をきっかけに東京に逃げ、泥だらけの1万円札を握りしめながら最底辺の人生を送ることを余儀なくされてしまう。

そして、妹の蛍の人生も悲惨なものになってしまう。

情報弱者で古い価値観の父親に否定されるのが怖くて、看護学校時代、蛍は富裕層の大学生との初恋を徹底的に隠し通す形で愛を培った。結局、初恋の大学生とは破局し、徐々に精神的におかしくなってしまう。最終的に既婚者の医師と不倫して、2人で駆け落ちする。そして、不運なことに、不倫相手の医師との間に子どもができる。その事実を古い価値観しか持たない五郎から隠すため、地域住民が蛍と幼馴染みの正吉を無理やり入籍させるという暴挙を実行してしまう。

五郎という毒親が時代を無視して、自分自身の生きた人生や古い価値観を貫いたことで、子どもたちの人生がメチャクチャになってしまったのだ。

現代社会は、いい悪いは別にして、加速度的に常識や価値観が変わっている時代。常に自分自身を客観的に理解していないと、新しい時代、常識に即した子育てはうまくいかない。うまくいかなくてその後の長い人生で地獄を見るのは、親ではなく子どもたちだ。

毒親は「褒めない」「認めない」、否定だけ

本書に出てくれた女性たちほどの壮絶な体験がないにしても、実際に周囲を見回

しただけで、毒親の影響で人生を潰している男性、女性はいくらでもいる。

たとえば、親から家父長制や男尊女卑を叩き込まれたことで、女性から相手にされない人生を歩み続け、中年童貞という現実を余儀なくされている男性。長男信仰や男尊女卑の被害を受けて親や地域から逃げる女性。母親の過干渉によってマザコンになり、大人になって問題を起こし続ける男性。母親の教育虐待によって精神が破壊され親子断絶する女性など、筆者の周りだけでも、枚挙にいとまがない。

また、毒親が子どもを追い込みすぎて子どもが親を殺す事件や、毒親が子どもを殺すといった悲惨な事件もあとを絶たない。

毒親の子どもへの加害は、身体的虐待、性的虐待、教育虐待、経済的虐待と可視化されるものから、家父長制、男尊女卑と家系や地域文化的なものなど、親の感覚に由来するものまで様々だ。

本書の執筆を通して明確になったことがある。それは、子どもへのすべての虐待、ネガティブな加害に共通しているのが、親が子どもの意見や希望、願望、自発的にやりたいことを「否定」することに端を発していることだ。

本書に登場する毒親育ちを自認する女性の話で、最も頻発したのが親による「否定」だった。その「否定」の例として、本編に収録できなかった2人の女性の話をここで記しておく。

綾子さん（仮名、44歳）は独身女性で、大学卒業後、大手メーカーに就職。30歳でIT企業に転職して、現在は本社のバックオフィス業務を担当するOLだ。筆者と顔を合わせるなり、親にとことん否定され続けた人生を呆れたように語りだした。

「親のことは本当に嫌いで、関わりたくありません。例を挙げれば、私が就職先を決めるときも、銀行が一番っていう考え方でしつこかった。ITイコール、ホリエモンだから、IT業界は絶対によくないので許さないみたいな感じで、とにかく会話ができない。私がなにか言っても、否定的な意見が必ずあるし、否定することが癖になっている。親の言うことを聞くと、選択肢は銀行か公務員かしかない。そんな感じで否定され続けるのが、子どもの頃からずっとでした」

綾子さんはうんざりしながら、親の話を続けた。筆者の昭和10年代生まれの両親も、否定癖があるのでよく理解できる。綾子さんは44歳になっても親の呪縛から逃れることができずに、婚期を逃し、今も実家で暮らしている。

「父親は頭が堅すぎて、会話がまったくできない人間。母親は子どもの頃から過干渉の鬼で、誰の家に遊びに行くのか、その住所と電話番号を全部書かないとうるさいし、許してくれない。それと、誰と仲がいいのか、どうして仲がいいのかみたいなことを今でも聞かれて、うんざりしています。今でもですよ。ずっとそういう家だったので普通のことだと思っていたけど、大人になっていろんな人に親の話を聞くと、誰もそんなことはなかった」

必ず否定するということは、褒めることはない、ということ。褒めない、認めないで否定だけを続けると、それを受けた子どもの精神的ダメージはどんどん大きくなっていく。綾子さんの話を聞くと、父親は家父長制の年功序列意識が強すぎて、子どもにすら年功序列を強いる否定人間。同じ価値観の母親も強烈な年功序列意識で、子どもに対する否定癖が染みついている人間だった。

「私はディズニーランドが好きだけど、母親と一緒に行ったとき、『人混みがひどくて最低』ってずっと文句を言っていたし、好きなテレビ番組を観ていても、父親も母親も『この芸能人は気に入らない』とか、『こいつは顔が生意気そうだ』とか、ずっと上から目線で文句を言っている。私に対してだけじゃなくて、会話すべてで否定をすることしかしない人たちでした」

古い世代の中流以上の日本人には学歴厨がたくさんいる。綾子さんは両親から常々、「いい大学に行け」と言われてきた。綾子さんは高校の成績が悪くなかったので、すかさず一流私立大学の指定校推薦を取った。学内での競争があるので、一流大学の指定校推薦を取れたのは素晴らしい結果といえる。綾子さんは、自分的には親の希望通りの選択で、きっと喜んでくれると思った。

「大学進学を親に報告して、愕然としました。まさかここまで歪んでたんだって。母親は人に私の大学の話をするとき、『恥ずかしくて娘の大学名は言えないわ』とか『法学部じゃないので価値ないの』とか、必ず私が傷つくようなことを言う。自分は地方の短大卒なのに、なにを言ってるんだろうコイツって。

きわめつきは私がクラブに遊びに行ったときでした。クラブなんて私たちの世代にとっては不良の溜まり場でもなんでもなくて、普通の、誰でも遊びに行く場所なのに、両親は『クラブなんて社会のクズが集まるところだ！　そんなところに遊びに行くようなお前は一生犯罪者だ！』とか『お前は一家の恥さらしだ！』とか大騒ぎになって、もうこの人たちはダメだと思った」

そうこうしているうちに、綾子さんは44歳になってしまった。否定され続けたことで恋愛も奥手になり、婚期を逃して、出産を諦める年齢に近づきつつある。数年前、父親は死んだ。現在、同じく婚期を逃した妹と母親の3人で暮らしている。そして母親は今でも時代錯誤な否定の言葉を吐き続けている。

「ITなんて恥ずかしい仕事をしているから、あなたは結婚できないのよ！」

「クレジットカードなんて借金だから絶対にダメ！　今すぐ捨てなさい！」

綾子さんは毎日、会社が終わって家に帰るのが苦痛だという。だが、否定され続けたことで、家を出て自立するという気力が失われていることも自覚していた。

無自覚な毒親である母親に否定され続ける生活を、綾子さんはこれからも続けていく。

娘の否定しかしない男尊女卑の母親

もう一人、現在、生活保護受給者で双極性障害という心の病を抱える瑠海さん（仮名、30歳）の話を伝えておきたい。瑠海さんは家賃5万2000円のアパートで一人暮らしをしながら、一日中ネットフリックスでドラマを観る生活をしている。

「私は母親に徹底的に否定され続けた」と嘆く毒親育ちの瑠海さんは、何年も母親とは会っていないという。

「都内の団地で母（56歳）、兄（32歳）、私の3人暮らしで、母子家庭でした。母は保険の外交員をしながら、女手ひとつで2人の子どもを育てています。母は仕事で忙しくて、いつも私は保育園で最後の最後までお迎えを待っている感じでした。忙しい母の気を引くために無意識に家事を積極的に手伝った。母は収入も低いし、家は大変だから手伝わなきゃみたいな意識でした。母は男尊女卑というか、そういう意識が強かったので、女の子は家事を手伝いなさい、みたいな圧もあったかもしれない。家族のなかの忖度です。逆に兄は男の子だったので、なにもしなくていい、みたいな感じでした」

瑠海さんは子どもの頃から、母親の力になりたくて、自分なりに家事の手伝いを頑張った。しかし、どれだけ頑張っても、母親は瑠海さんのことを絶対に褒めることはなかった。瑠海さんは、そのことに対して、今でも恨みのような感情を抱えているという。

「母から、『ありがとう』ってお礼を言われたことなんてありません。子どもだから家事は満足にできないので、いちいち全部否定的に注意される。『こんなんじゃダメ！』『こんなこともできないの！』『どうしてできないの！』『こんなやり方じゃダメ！』『どうしてあなたはなにもできないの！』『手伝いになってない！』『存在の意味がない！』みたいな感じです。否定的なことをひたすら言われるので、私ってダメなんだって、ネガティブな意識が溜まっていく感じでした」

頑張って頑張って、母親に手伝ってもらいながら、瑠海さんが料理をつくったことがあった。すごく美味しくできたという。母親も兄も全部最後まで食べた。これ以上、頑張れないくらい頑張った。その日、瑠海さんは母親から褒められることを期待した。

「最悪でした。私が一生懸命つくった料理に対する母の感想は一言もなく、『最後までちゃんと食器洗いしなさい！』『あなたは本当にダメな人間！』みたいな感じでした。『なにも気が利かない無能』みたいなことも言われた。母は『あなたは女の子だから』っていうのが口癖で、私はひたすら否定的なことを言われ続けたけど、兄はなにも言われていなかった。兄が褒められていたかは覚えてないけど、母は男尊女卑みたいな意識が強いので、私ばかり否定的なことを言われていた印象がある」

徹底した母親の否定で双極性障害に

小学生になって、瑠海さんはクラスメートの女子からイジメの対象になった。最初は友だち同士で遊んでいたが、ある日を境に無視がはじまったという。学校に行っても、クラスメート全員に存在を認めてもらえない。2年以上、学校で誰とも話さないという過酷な状況を経験した。

「完全に一人で教室の端っこにいた。母は私がイジメられているって知らなくて、『あなたは暗い子だ』『ネガティブな子だ』とか、そんなことばかり言っていました。

そのイジメが1年も2年も続いたので、母に事実を話して相談した。本当に苦しかったので、私は心から声を絞り出した。なのに、『イジメられるあなたが悪い』と言われました」

その言葉で、瑠海さんの心は折れた。初めて友だちができたのは中学生になってからだった。瑠海さんはその初めての友だちに、自分のすべてを理解してほしいと求めた。

「友だちに対して、私のなにもかもを理解して、肯定してくれないと耐えられない、みたいな状態になりました。その友だちはどう思っていたかわからないけど、わかってもらえないと逆ギレした。そんな感じでした。鬱陶しかったと思う。恋愛もそうで、高校生のときに初めて彼氏ができたけど、24時間一緒にいないと気が済まないし、私以外と会話するな、みたいな感じの束縛がすごかった。それで、私が望んで共依存みたいな状態になった。今思えばおかしいけど、そのときはなにもわからなかった。友だち関係も恋愛も、そういうものだと思っていました」

瑠海さんは高校を卒業して、非正規で働きはじめた。母親の否定癖はそのままで、非正規であることを嘆かれ、友だちになる相手には自分のすべてを理解することを求めすぎてうまくいかず、恋愛も何度繰り返しても、相手はしばらくすると逃げていった。

覚悟を決めて20歳で家を出た。自立しても、人間関係も恋愛も、とにかくうまくいかなかった。寂しさを抱えながら、一人暮らしの生活を支えるために非正規の職場で残業を限界までやった。それでも生活費は足りなかった。それで出会い系サイトを通じて売春に手を出した。

ごくたまに瑠海さんが母親からの電話に出れば、「非正規なんてやめなさい。恥ずかしい！」と必ず否定される。そんなある日、体がまったく動かなくなったという。這《は》うようにして心療内科を受診すると、双極性障害と診断された。

双極性障害は躁状態とうつ状態を繰り返す病気で、うつ状態は2週間以上続くことが多い。うつ状態になると、気分が落ち込む、意欲の低下、極度の眠気など、社会生活に支障をきたす症状が現れる。

「もう、私は年金と障がい者枠で生きていくしかありません。生活保護をやめて、結婚して幸せになりたいけど、自分が普通に幸せに生きてきた誰かと幸せな家庭を築くとか、私自身に幸せの経験がないので想像できない。人のせいにするのはよくないけど、冷静に、客観的に自分のことを考えると、絶対に母に否定され続けたから病気になった。そうとしか思えない。というか、それが事実だと思う」

瑠海さんは、母親に否定され続けたことで心の病を患い、人間関係、恋愛、仕事のすべてに支障をきたしている。そんな状態のなか、「あと半年くらいゆっくり休んで、その後はマッチングアプリで婚活をする」と宣言した。果たして瑠海さんのすべてを理解し、すべてを受け入れてくれる人が現れるのか。そこまでの存在でないと、結婚どころか付き合うこともできないことを瑠海さん自身も理解している。

残念ながら、その確率は高くないだろうと筆者は思った。しかし、余計なことは言わず、アドバイスもしなかった。ただ、取材の帰路、瑠海さんに幸せが訪れることだけは祈っておいた。

あなたが毒親にならないために

子どもを育てている人は、誰もが毒親になる可能性を秘めている。

みなさんにそんなつもりはなくても、自覚なくなってしまうのが毒親なのだ。そうなれば、子どもは苦しみ続け、親子関係は破綻して、子どもの人生は破壊されてしまう。いいことは一つもないのは当然として、お互いの人生に取り返しのつかない傷痕を残し、一生後悔するような悲劇を生む。それが毒親という存在なのだ。

本書の執筆という機会を得た筆者は、「毒親にならないためにはどうすればいいのか」、それを考える義務があると感じている。

筆者は学者でも医師でもないので、高尚で専門的でアカデミックな解答を出すことはできない。しかし、本書の取材で出会った毒親育ちの女性たちの、過酷な人生を通して明らかになった絶対的な「真実」を述べておきたい。

「子どもが親の所有物ではないことを認識しろ」

「世間体や見栄を捨てろ」

「娘を性欲の対象にするな」
「男尊女卑ではなく男女平等の心を持て」
「時代を認識しろ」
「姉妹格差はダメ」
「暴力はダメ」
「過干渉はダメ」
「支配してはダメ」
「自分の夢を託してはダメ」

筆者が気づかなかった、読者のあなただけが本書を読んで気づいた「真実」もあるはずだ。大事なのは「やってはいけないこと」を正しく認識し、子育てに反映することだ。

最後に、あなたが毒親にならないための筆者なりの処方箋も述べておきたい。

2022年から2023年にかけて筆者は、『悪魔の傾聴』(飛鳥新社)、『ずるい

傾聴術 人間関係が好転してトクする33のルール』(かや書房)、『中年婚活 50歳、年収450万円からの結婚に必要な30の法則』(ミリオン出版/大洋図書)と、立て続けにコミュニケーション系の実用書を書いた。この経験から見えた、毒親にならないための処方箋は、「子どもの話を傾聴する」に尽きる。これは再現性がきわめて高く、心の持ち方で誰にでもすぐに、確実に実践できる処方箋だ。

「傾聴」とは、相手の話を熱心に聞くコミュニケーションの手法で、「相手の話を相手の立場に立って、相手の気持ちに共感しながら理解すること」と定義される。子どもに対して親の希望や願望を押しつけるのではなく、「とにかく子どもの話を聞いて、親子関係をつくっていきましょう」ということ。自分自身の親としての考え方や意識を自己理解したうえで、いったん自分を封印する。この意識を心がければ、すぐに傾聴に取り組める。

傾聴で必要なことは「共感する」「子どもに興味を持つ」「否定しない」の3つ。この3つを守るだけで、子どもはどんどんとあなたに話しかけてくる。そして、毒親どころか、子どもから信頼される存在となり、親子関係は良好になる。

この傾聴が親子関係にもたらすメリットは３つ。

①子どもは話を聞いてくれた親を信頼する
②子どもは共感をくれる親を信頼する
③子どものことをどんどん知ることができる

このように、親子関係におけるコミュニケーションで傾聴を使うことは、メリットだらけとなる。このメリットを具体的に説明すると、①の「子どもは話を聞いてくれた親を信頼する」とは、子どもという存在は親に自分の思っていることや自分のやりたいことを話したいと熱望しているもので、この欲求を叶えるために話を聞いてあげれば、必然的に子どもからの信頼を得られる。子ども相手でなくても、効果は同じで、人には自分の話を聞いてくれた相手に好感を持つ心理的特性があり、相手の話を聞けば聞くほど人間関係は良好になる。

②の「子どもは共感をくれる親を信頼する」とは、子どもという存在は親との会

話において議論や問題解決ではなく、共感を求めているのであり、否定は絶対にしてはいけない。現在は時代の転換期となっており、古い世代を生きた親よりも、子どものほうが情報感度が高い。現代では通用しない昔の感覚を引きずったまま、子どもの話や意見を否定するのは、もはや言語道断の愚行とも言える時代になっている。

③の「子どものことをどんどん知ることができる」とは、会話は聞き手がインプット、語り手がアウトプットという大前提があるので、子どもの話を聞けば聞くほど、子どもが今なにを考え、なにをしたいのか情報入手ができる。子どもの話を傾聴していれば、親が子どもを支配して、時に暴力を使いながら自分の夢を託すなど、そんな破滅的な行動にはなりようがない。

ここ数年で日本は大転換の時代を迎え、様々な価値観が刷新された。団塊世代以前の古い世代が根強く持っていた男尊女卑の思想は強く否定され、家父長制などはもう過去の遺物となり、時代に即さない価値観となった。そして年功序列も終焉に近づきつつある。経験を積んでいる年配者のほうが偉いという感覚は、技術や社会が急速にアップデートし続ける現代にはそぐわない制度となった。年配者は年を重ねただけのお荷物となり、これからの時代は高齢者を支える若者のほうが上の価値の存在となる。完全に逆年功序列の時代がはじまっていることに、あと数年で高齢者たちも気づかされる。

繰り返すが、男尊女卑、家父長制、年功序列の意識を捨て、子どもの話を傾聴すれば、あなたは毒親にはならない。当然、子どもはすくすくと育って幸せになり、親子関係も良好になる。

ここで、最後の最後に伝えておきたいことがある。

本書では毒親育ちの女性たちの悲惨で陰惨で、絶望感が漂う語りを掲載してきた。ここまで述べてこなかったが、実は取材を受けてくれた女性たちのほぼ全員には、共通する願いがあった。それは、自身の毒親育ちの悲惨な体験を話し、毒親の実態を世の中に広めることで、自分のような毒親による犠牲者を少しでも減らしたい、という願いだった。

「私たち親子の関係を反面教師にしてほしい」

彼女たちは、親であるあなたと、あなたの子どもの幸せを願っている。

中村淳彦（なかむら あつひこ）
1972年、東京都生まれ。ノンフィクションライター。貧困や介護、AV女優、風俗などの分野でフィールドワークを行い、執筆を続ける。貧困化する日本の現実を可視化するために、過酷な現場の話にひたすら耳を傾けている。著書に『東京貧困女子。』（東洋経済新報社）、『日本の貧困女子』（SB新書）、『悪魔の傾聴 会話も人間関係も思いのままに操る』（飛鳥新社）、『歌舞伎町と貧困女子』（宝島社新書）など多数。音声メディア「Voicy」を毎日更新し、人気パーソナリティとなっている。
X：@atu_nakamura
Voicy：中村淳彦の「名前のない女たちの話」

宝島社新書

私、毒親に育てられました
（わたし、どくおやにそだてられました）

2023年12月22日　第1刷発行

著　者　中村淳彦
発行人　蓮見清一
発行所　株式会社　宝島社
〒102-8388 東京都千代田区一番町25番地
電話：営業　03(3234)4621
編集　03(3239)0927
https://tkj.jp
印刷・製本：中央精版印刷株式会社

ISBN 978-4-299-04818-9